Asistencia de usuarios en el uso de aplicaciones ofimáticas y de correo electrónico UF0856

José Luis Berenguel Gómez

Maquetación: Ediciones Nobel
Impresión: Cimapress (Arganda del Rey, Madrid)
ISBN: 978-84-283-3922-3
Depósito legal: M-4188-2018

Impreso en España

Autor

José Luis Berenguel Gómez (http://www.joseberenguel.com) es doctor en Informática por la Universidad de Almería y miembro del grupo de investigación TIC-146 Supercomputación-Algoritmos (http://www.hpca.ual.es). Su trabajo principal es el de profesor de Secundaria desde hace más de diez años y durante los últimos ocho años ha impartido docencia en los Ciclos Formativos de Grado Superior de Desarrollo de Aplicaciones Informáticas (LOGSE) y Desarrollo de Aplicaciones Web (LOE) en el IES Aguadulce, donde tiene su destino definitivo. Además de la informática, sus otras pasiones son el deporte y la naturaleza.

A mis padres,
todos los agradecimientos son pocos.

Índice

Introducción normativa

La Ley Orgánica 5/2002, de 19 de junio, de las Cualificaciones y de la Formación Profesional fue el primer texto legislativo que reguló de forma exclusiva las enseñanzas profesionales en España. Una de sus novedades consistió en relacionar directamente la formación con el empleo, permitiendo las convalidaciones y equivalencias entre la Formación Profesional del sistema educativo, la Formación Profesional para el empleo, y experiencia laboral. Para poder desarrollar estas medidas se creó el Sistema Nacional de Cualificaciones Profesionales y dos instrumentos básicos: el Catálogo Nacional de Cualificaciones Profesionales y el Catálogo Modular de Formación Profesional.

Las Cualificaciones Profesionales responden a la iniciativa que impulsa el Marco Europeo de las Cualificaciones (EQF), para facilitar un espacio abierto de aprendizaje y de empleo, así como la adecuación entre oferta y demanda no solo a nivel estatal, sino entre los distintos países.

El Catálogo Nacional de Cualificaciones Profesionales ordena las cualificaciones profesionales, incluyendo el contenido de la formación profesional asociada a cada cualificación, de acuerdo con una estructura de módulos formativos articulados en un Catálogo Modular de Formación Profesional. Entre sus principales objetivos tiene el posibilitar la integración de las ofertas de formación profesional, adecuándolas a las características y demandas del sistema productivo.

Para conseguirlo, este Catálogo, además de identificar y definir las cualificaciones profesionales que requiere el sistema productivo, establece los contenidos formativos básicos que resultan necesarios para que las ofertas formativas garanticen la adquisición de las competencias profesionales apropiadas para el desempeño profesional.

Las Cualificaciones Profesionales se acreditan mediante "Títulos" de Formación Profesional del sistema educativo, y Certificados de Profesionalidad de Formación para el Empleo. Ambas acreditaciones tienen carácter oficial y son válidas en todo el Estado.

Los contenidos asociados a las cualificaciones profesionales constituyen el Catálogo Modular de Formación Profesional, que se estructura en módulos formativos.

Mediante la superación de los módulos formativos, diseñados en itinerarios específicos para cada Cualificación Profesional, se puede obtener el Certificado de Profesionalidad correspondiente. Además, se posibilita la convalidación de determinados módulos profesionales incluidos en los títulos de Formación Profesional del sistema educativo, asociados a Unidades de Competencia comunes.

El Certificado de Profesionalidad es, por tanto, el instrumento de acreditación, en el ámbito de la Administración laboral, de las cualificaciones profesionales incluidas en el Catálogo Nacional de Cualificaciones Profesionales, adquiridas a través de procesos formativos o mediante procedimientos de reconocimiento de competencias profesionales adquiridas por experiencia laboral o vías no formales de formación, regulados por el Real Decreto 1224/2009, de 17 de julio.

ESTRUCTURA DE UNA CUALIFICACIÓN

DATOS DE IDENTIFICACIÓN
Denominación
Nivel
Competencia general
Entorno profesional

UNIDADES DE COMPETENCIA		FORMACIÓN ASOCIADA
Unidad de competencia 1	⟷	Módulo formativo 1
Unidad de competencia 2	⟷	Módulo formativo 2
Unidad de competencia N	⟷	Módulo formativo N

Las cualificaciones profesionales se estructuran en unidades de competencia, que se definen como agrupaciones de tareas productivas específicas que debe realizar el profesional. Las diferentes unidades de competencia de un certificado de profesionalidad conforman la Competencia General, definiendo el conjunto de conocimientos y capacidades que permiten el ejercicio de una actividad profesional determinada.

Cada unidad de competencia lleva asociado un módulo formativo, donde se describe la formación necesaria para adquirir esa unidad de competencia, pudiendo dividirse en unidades formativas.

El módulo formativo es el bloque coherente de formación asociado a cada una de las unidades de competencia que configuran la cualificación. Cada módulo formativo tiene un formato normalizado que incluye los datos de identificación y las especificaciones de la formación que se incluyen en las ofertas formativas conducentes a la obtención de los certificados de profesionalidad.

DATOS DE IDENTIFICACIÓN:

— Denominación.
— Nivel de cualificación al que se vincula.
— Unidad de competencia a la que está asociado.
— Código alfanumérico y duración en horas.

ESPECIFICACIONES DE LA FORMACIÓN:

— Capacidades: expresión de los resultados esperados de las personas en situación de aprendizaje al finalizar el Módulo Formativo.

— Criterios de evaluación: conjunto de precisiones para cada capacidad que indican el grado de concreción aceptable de la misma. Delimitan el alcance y nivel de la capacidad y el contexto en el que va a ser evaluada.

— Contenidos formativos necesarios para adquirir las competencias a las que se asocia. Requisitos básicos del contexto formativo: espacios e instalaciones y perfil profesional del formador. Estos requisitos tienen carácter orientador para la normativa básica reguladora de las ofertas formativas.

El presente libro desarrolla la unidad formativa denominada *Asistencia de usuarios en el uso de aplicaciones ofimáticas y de correo electrónico,* UF0856.

Dicha unidad formativa está asociada a la unidad de competencia UC2104_2, forma parte del módulo formativo MF0222_2 *Aplicaciones microinformáticas* perteneciente a la Cualificación Profesional de referencia IFC078_2, de nivel 2, incluida en el Certificado de Profesionalidad denominado *Sistemas microinformáticos,* dentro de la familia profesional Informática y comunicaciones.

Según el Real Decreto 686/2011, de 13 de mayo modificado por el RD 628/2013, de 2 de agosto, los contenidos que en esta obra se recogen se corresponden con una duración de 30 horas.

Tanto la estructura como el desarrollo del libro se ajustan al citado real decreto y más concretamente a los contenidos de la unidad formativa que le da título *Asistencia de usuarios en el uso de aplicaciones ofimáticas y de correo electrónico,* UF0856.

Contenidos

1. **Técnicas de comunicación en la asistencia al usuario.**
    - Tipos de comunicación.
    - Efectos de la comunicación.
    - Obstáculos o barreras para la comunicación.
    - La comunicación en la empresa.
    - Formas de comunicación oral.
    - Precisión y claridad en el lenguaje.
    - Asistencia al usuario.
        - — Formación a usuarios.
            - ✓ Asesoramiento en el manejo de utilidades y aplicaciones.
            - ✓ Políticas de seguridad.
        - — Utilización del soporte técnico y sus procedimientos.
        - — Elaboración de guías textuales o visuales para usuarios.
    - Tipos de licencia de software.
        - — Tipos de programa
        - — Tipos de programas en cuanto a licencias.
            - ✓ Aplicaciones de libre uso.
            - ✓ Aplicaciones de uso temporal.
            - ✓ Aplicaciones en desarrollo (beta).
            - ✓ Aplicaciones necesarias de licencia.
            - ✓ Acuerdos corporativos de uso de aplicaciones.
            - ✓ Licencias mediante código.
            - ✓ Licencias mediante mochilas.
        - — Derechos de autor y normativa vigente.
            - ✓ Derechos de Autor.
            - ✓ Patentes, Marcas y Propiedad Industrial.
            - ✓ La Ley Orgánica de Protección de Datos y Seguridad Informática.
            - ✓ La Ley de la Propiedad Intelectual.
2. **Gestión del correo electrónico y de la agenda.**
    - Definiciones y términos.
    - Funcionamiento.
    - El formato de un correo electrónico.
        - — Encabezado.

— Cuerpo del mensaje
— Archivos adjuntos.
- Configuración de cuentas de correo.
- Gestores de correo electrónico.
  — Ventanas.
  — Redacción y envío de un mensaje.
    ✓ Remitente.
    ✓ Destinatario (A:, CC:, CCC)
    ✓ Asunto.
    ✓ Texto del mensaje.
    ✓ Datos adjuntos.
  — Lectura del correo.
  — Respuesta del correo.
  — Organización de mensajes.
  — Impresión de correos.
  — Libreta de direcciones.
  — Filtrado de mensajes.
- Correo Web.
- Plantillas y firmas corporativas.
- Gestión de la libreta de direcciones.
  — Importar.
  — Exportar.
  — Añadir contactos.
  — Crear listas de distribución.
  — Poner la lista a disposición de otras aplicaciones ofimáticas.
- Gestión de correo.
  — Organización de carpetas.
  — Importar.
  — Exportar.
  — Borrar mensajes antiguos guardando copias de seguridad.
  — Configuración del correo de entrada.
  — Protección de correos no deseados "spam".
- Componentes fundamentales de una aplicación de gestión de correos y agendas electrónicas.

- Foros de noticias “news”:
  - — Configuración.
  - — Uso.
  - — Sincronización de mensajes.
- Programas de agendas en sincronización con dispositivos portátiles tipo “palm”.
  - — Instalación.
  - — Uso.
  - — Sincronización.
- Gestión de la agenda.
  - — Citas.
  - — Calendario.
  - — Avisos.
  - — Tareas.
  - — Notas.
  - — Organizar reuniones.
  - — Disponibilidad del asistente.

3. **Instalación de programas de cifrado de correos.**
   - Descarga e instalación.
   - Generación de claves pública y privada.
   - La gestión de claves.
   - Configuración.
   - Distribución y obtención de claves.
   - Envío de correos cifrados/firmados.
4. **Obtención de certificados de firma electrónica.**
   - Conceptos sobre seguridad en las comunicaciones.
   - Certificados electrónicos.
   - Firma electrónica.
   - Prestador de servicios de certificación.
   - Obtención de un certificado por una persona física.
   - El certificado y el correo electrónico.

1. Técnicas de comunicación en la asistencia al usuario

Introducción

Este capítulo introduce los conceptos y las técnicas de comunicación que intervienen en la interacción con los usuarios de software. Además, se describen los tipos de licencias de software más frecuentemente utilizadas en su distribución y se explica el marco jurídico que regula los derechos de autor, la propiedad intelectual y la protección de datos.

Contenido

1.1. Conceptos generales

Etimológicamente, la palabra **comunicación** deriva de la palabra latina ***communicare***, que significa "poner en común, compartir algo". En sentido estricto, el concepto puede entenderse como una transferencia de información entre emisor y receptor, sin embargo, la comunicación humana es un acto en el que dos o más personas comparten informaciones, opiniones, experiencias, sentimientos, etc., interactuando entre sí e interpretando todas las señales recibidas.

La **teoría de la información y la comunicación** surgió en consonancia con los avances técnicos a finales de los años 40 y principios de los 50 del siglo XX, desarrollada inicialmente por C. Shannon y complementada y ampliada por W. Weaver. Shannon no se refería inicialmente a la comunicación humana sino a la telefonía y a la mejora del rendimiento, pero sus conceptos se extendieron rápidamente a otros campos de la sociedad paralelamente al avance de la cibernética y al fuerte crecimiento de los medios de comunicación. Los elementos que intervienen en el proceso de comunicación descritos por Shannon y Weaver son:

- **Emisor** o **fuente**: es el que construye y transmite el mensaje, el que lo codifica.
- **Mensaje**: símbolo o serie de símbolos que son soporte de la información transmitida.
- **Destinatario** o **receptor**: recibe el mensaje ya decodificado.
- **Código**: sistema de equivalencias que se establecen entre emisor y receptor.
- **Transmisor-receptor**: transforma el mensaje en señal y la envía a través del canal hasta el receptor, que realiza el proceso inverso.

El modelo es bastante sencillo pero tiene algunas críticas respecto al acto de comunicación humana ya que no tiene en cuenta la situación o el contexto en el que se produce la comunicación y que desempeña un papel esencial en la interpretación de cualquier mensaje.

> **Lectura recomendada**
>
> Artículo en la Wikipedia sobre la Teoría de la Información y la Comunicación: https://es.wikipedia.org/wiki/Teor%C3%ADa_de_la_informaci%C3%B3n

Noam Chomsky introdujo el concepto de **competencia gramatical** en su obra "Estructuras sintácticas" (1957), que consiste en la capacidad innata y universal que tiene un hablante-oyente ideal para aprender, generar e interpretar una infinita variedad de enunciados. A partir de este concepto, se entiende hoy la **competencia lingüística** como "saber una lengua y saber usarla".

D. H. Hymes propuso, en los años 70 del siglo XX, el concepto de **competencia comunicativa** como un concepto más amplio que el de competencia lingüística. Lo más importante no es producir frases gramaticalmente correctas sino que estas sean adecuadas respecto al contexto en que son dichas. Así, la competencia comunicativa se define como "**la habilidad para interpretar y usar la lengua de manera apropiada social y culturalmente**". El conocimiento de un hablante acerca de su lengua posee, además de un componente gramatical, un componente funcional y sociolingüístico. Un niño, cuando aprende una lengua, no solo adquiere las reglas gramaticales, sino también adquiere competencia sobre cuándo hablar, cuándo no, qué decir, con quién, dónde, de qué manera, etc.

1.2. Tipos de comunicación

La comunicación es un fenómeno total, esto significa que los seres humanos disponemos de muchos medios de expresión además del **lenguaje verbal**. Los gestos, la música o incluso la forma de vestir constituyen verdaderos lenguajes, es lo que denominamos **lenguaje no verbal**. Conocer estos signos, ser capaces de codificarlos y decodificarlos es lo que nos permite actuar con éxito en diversas situaciones de comunicación.

Desenvolvernos de manera exitosa en la sociedad requiere conocer la dinámica del lenguaje verbal y no verbal, así como sus relaciones con el objetivo de mejorar la competencia comunicativa. Una adecuada comprensión de las señales no verbales nos prepara mejor para la comunicación transcultural. Situaciones cotidianas como formarse impresiones acerca de la gente con que uno se encuentra, mantener una entrevista de trabajo, etc., son situaciones cargadas de conductas no verbales.

Los textos son productos comunicativos y adoptan formas diversas: una obra literaria, una pintura, un discurso oral, un ballet, etc. Los gestos y movimientos corporales, por ejemplo, son fundamentales para comprender la comunicación. También son importantes el contacto o la distancia entre los interlocutores, el uso del espacio comunicativo o las características del entorno físico. Las cualidades no verbales de la voz (timbre, intensidad, etc.) contribuyen a subrayar o contradecir lo dicho con palabras. Esta información no verbal es a veces superior a la verbal. Además, su impacto es inmediato y difícilmente pueda ser anulada por las palabras.

Las señales no verbales pueden tener múltiples usos y múltiples significados, así, por ejemplo, una sonrisa puede ser parte de una expresión emocional, parte de una autopresentación, o la respuesta de un interlocutor para controlar la interacción. El comportamiento no verbal puede repetir, contradecir, sustituir, complementar, acentuar o regular el comportamiento verbal:

- **Repetición**. La comunicación no verbal puede meramente repetir lo que se dijo verbalmente. Por ejemplo, si se dice a alguien que para encontrar un puesto de periódicos tiene que ir hacia el norte y luego se señala en la dirección adecuada esto ha de considerarse una repetición.

- **Contradicción**. El comportamiento no verbal puede contradecir la conducta verbal. Un ejemplo clásico es aquella persona insegura que tiene que hablar en público y que, a pesar de tener la frente bañada en sudor y de temblarle las manos y las rodillas, dice: «No estoy nervioso». Cuando recibimos mensajes contradictorios en los niveles verbal y no verbal haremos mejor en confiar en el mensaje no verbal, las señales no verbales son más espontáneas, más difíciles de simular y menos susceptibles de ser manipuladas.

- **Sustitución**. La conducta no verbal puede sustituir a los mensajes verbales. Cuando una persona, abatida y humillada llega a su casa después del trabajo, una expresión facial sustituye a la afirmación: «He tenido un día desastroso».

- **Complementariedad**. La conducta no verbal puede modificar o elaborar los mensajes verbales. Por ejemplo, cuando la postura se hace tensa y el nivel emocional del juicio verbal crece, ello puede indicar alteraciones en la relación global entre los interactuantes. Las funciones complementarias de la comunicación no verbal sirven como señal de las actitudes e intenciones de una persona respecto a la otra.

- **Acentuación**. El comportamiento no verbal puede acentuar las partes del mensaje verbal así como el subrayado sirve para enfatizarlas en el lenguaje escrito. A menudo los movimientos de cabeza o de manos se usan para acentuar el mensaje verbal.

- **Regulación**. Las conductas no verbales también se utilizan para regular los flujos de comunicación entre los interactuantes. Después de todo, formulamos juicios acerca de las personas sobre la base de sus habilidades reguladoras, como, por ejemplo, «hablar con él es como hablarle a una pared» o «con ella no puedes meter baza en la conversación». Cuando otra persona interrumpe muy a menudo podemos sentir que ello equivale a una declaración acerca de la relación y, tal vez, a una muestra de falta de respeto. Los inicios y los finales de conversación actúan también como puntos de regulación.

El estudio de la comunicación no verbal entre las personas se aborda generalmente en tres ámbitos:

1. La **cinésica** se ocupa del estudio del comportamiento comunicativo del cuerpo: gestos, movimientos corporales, expresiones faciales, conducta de los ojos, acciones táctiles...
2. La **proxémica** es el estudio del uso y percepción del espacio social y personal. Se ocupa de cómo las personas utilizan y responden a las relaciones espaciales.
3. La **paralingüística** o **paraverbal** analiza las cualidades no verbales de la voz: timbre, resonancia, volumen o intensidad, duración silábica, ritmo. Están condicionadas por factores biológicos (sexo, edad...), fisiológicos, psicológicos, socioculturales y ocupacionales.

Otros ámbitos de la comunicación no verbal son:

- El **olfato**: hay culturas como la árabe que le conceden gran importancia.
- El **tacto**: es, probablemente, la forma más básica y primitiva de contacto. Forman parte de los mensajes táctiles el beso, el abrazo, etc. Pretenden comunicar una actitud de rechazo o acercamiento.
- La **imagen**: el desarrollo de los medios de comunicación ha favorecido la multiplicación de los mensajes con imágenes en los que el lenguaje verbal no ocupa el lugar principal: carteles, fotografías, cómic, cine, televisión... La imagen contiene un contenido semántico polisémico que requiere un anclaje verbal que delimite su significado.

A continuación describiremos los aspectos más destacados de la cinésica y la proxémica.

1.2.1. El lenguaje del cuerpo (la cinésica)

El término de **kinésica** o **cinésica** (del griego ***kine***, "movimiento") fue acuñado por R. Birdwhistell en 1964. Estudia los movimientos y las posiciones corporales que son significativas y que tienen fines comunicativos dentro de un grupo cultural determinado. Algunos de los principios de esta disciplina son:

- Ningún movimiento corporal carece de significado en un contexto dado.

- El movimiento corporal y la expresión facial están pautados y son susceptibles de análisis sistemático.
- La actividad corporal influye sistemáticamente en el comportamiento de los demás miembros de cualquier grupo concreto.

Gestos

La gestualidad es la parte más importante de la comunicación no verbal. Los estudiosos de la cinésica clasifican las distintas culturas en función de la cantidad y de las características de la comunicación gestual que acompaña al lenguaje no verbal. Cada cultura tiene su propio sistema significativo de comunicación gestual. Por ejemplo, cuando un estadounidense quiere significar que algo está perfecto levanta la mano y forma un círculo uniendo los dedos índice y pulgar. Este mismo gesto en Japón significa dinero.

Mark L. Knapp clasifica el comportamiento gestual en:

1. **Emblemas**. Son gestos que tienen una traducción verbal directa que es conocida por todos los miembros de una cultura o grupo. Los gestos que se usan para representar «OK» o «Paz» (conocido también como el signo de la victoria) son ejemplos de emblemas en una parte muy amplia de nuestra cultura.
2. **Ilustradores**. Son actos no verbales directamente unidos al habla o que la acompañan y que sirven para ilustrar lo que se dice verbalmente reiterándolo o contradiciéndolo. Probablemente los ilustradores se aprenden observando a los demás. Ejemplos: mover la cabeza con gesto afirmativo o negativo.
3. **Manifestaciones de afecto**. Movimientos que intensifican, neutralizan o encubren las apariencias afectivas.
4. **Reguladores**. Son actos no verbales que mantienen y regulan la naturaleza del hablar y el escuchar entre dos o más personas. Indican al hablante que continúe, repita, se extienda en detalles, se apresure, haga más ameno su discurso, conceda al interlocutor su turno de hablar, etc. En los últimos años, a los reguladores se les ha prestado mayor atención. Se ha comprobado que las personas que trataban de poner término a una conversación disminuían acusadamente el contacto visual con la otra persona.
5. **Adaptadores**. Se piensa que se desarrollan en la niñez como esfuerzos de adaptación para satisfacer necesidades, dominar emociones, desarrollar contactos sociales, etc. Cogerse, frotarse, apretarse, rascarse o pellizcarse a sí mismo, o los movimientos de las piernas pueden ser adaptadores.

El rostro

Dentro de los gestos, el rostro es uno de los elementos con mayor fuerza comunicativa. Ocupa un lugar importante en la comunicación de emociones, refleja actitudes interpersonales, permite la retroalimentación no verbal a los comentarios de los demás. Dentro de las señales del rostro, la mirada ocupa un lugar importante. A. Kendon distingue cuatro funciones de la mirada:

- **Cognoscitiva**: los sujetos tienden a apartar la mirada cuando tienen dificultades de comprensión.
- **De control**: se mira para verificar la atención del otro y sus reacciones.
- **Reguladora**: con la mirada se puede solicitar o eliminar respuestas.
- **Expresiva**: a través de la mirada se verifica el grado de implicación.

El contacto ocular nos hace sentir expuestos y vulnerables. Por eso, una de las dificultades de hablar en público es hacer frente a las miradas de todos los oyentes.

La postura

La postura tiene un significado universal pero también culturalmente definido. Para determinadas situaciones la cultura codifica posturas adecuadas o no. La postura sirve para:

- indicar actitudes interpersonales de amistad/hostilidad, superioridad/inferioridad...
- señalar el estatus.
- indicar estados emocionales (tenso, relajado...).

La vestimenta

Muchos aspectos de nuestra apariencia personal están bajo control voluntario como la ropa y las formas ornamentales. Por la apariencia se puede llegar a conocer la posición social del individuo. Dentro del aspecto externo, la indumentaria es el apartado más estudiado. Nuestra sociedad actual es una sociedad de la imagen. Por lo tanto, la indumentaria adquiere mayor concentración simbólica y se convierte en un sistema de signos. Además de la ropa, las personas se adornan con cosméticos, tatuajes, máscaras, joyas, relojes, perfumes, etc. Se les denomina "artefactos" y son estímulos comunicativos potenciales.

1.2.2. El espacio social y personal (la proxémica)

Se entiende por **proxémica** el estudio del uso y percepción del espacio social y personal. Se ocupa de cómo la gente usa y responde a las relaciones espaciales. Su principal ámbito de investigación se ha centrado en la distancia conversacional y cómo esta varía de acuerdo con el sexo, el estatus, los roles, la orientación cultural y así sucesivamente.

La proxémica parte del concepto de territorialidad que designa la tendencia humana a marcar el territorio personal —o espacio intocable— al modo en que lo hacen los animales, nuestro espacio personal es una extensión de nosotros mismos. Según el antropólogo Edward Hall estas distancias son:

- **Distancia íntima**: entre 0 y 45 cm.
- **Distancia personal**: entre 45 y 120 cm.
- **Distancia social**: entre 120 y 360 cm.
- **Distancia pública**: más de 360 cm.

1.3. Efectos de la comunicación

La mayoría de los estudios que investigan los efectos de la comunicación en las personas están relacionados con los medios de comunicación de masas (prensa escrita, radio y televisión), en los que hoy en día podemos incluir las redes sociales.

La primera teoría importante surge en los primeros años del siglo XX, denominada **teoría de la aguja hipodérmica** o **teoría de la bala mágica**; consideraba que todo proceso de comunicación tenía efectos inmediatos. Posteriormente, en los años 40 del siglo XX esta teoría es descartada por otros estudios que comienzan a observar que los efectos de la comunicación están limitados por numerosos factores, es lo que se conoce como **teoría de los efectos limitados**.

J. T. Klapper en su libro "*The effects of mass communication*" publicado en 1960, compendia todos los trabajos de investigación realizados hasta la fecha. Los principales efectos que destaca Klapper son:

- El **efecto de refuerzo**. La comunicación de masas tiende más a reforzar opiniones que a cambiarlas.
- La **creación de opinión**. Cuando los medios de comunicación tratan temas nuevos o desconocidos por la audiencia, su efecto es mucho mayor.

- El **cambio de actitud**. El efecto de hacer cambiar de opinión a la audiencia sucede con poca frecuencia y suele ocurrir cuando la persona está predispuesta a este cambio por condiciones externas a la comunicación (persuabilidad).
- Los **efectos de la violencia**. La violencia en los medios es inofensiva para la mayoría ya que no se ha podido demostrar que cause mayor delincuencia, sin embargo, sí puede reforzar tendencias de comportamiento violento ya existentes en la audiencia.

Las conclusiones de Klappler refuerzan la teoría de los efectos limitados sugiriendo que hay numerosos factores intermedios (sociales, psicológicos...) que influencian el efecto que pueda tener la comunicación sobre una determinada persona.

Lectura recomendada

Análisis del libro de J. T. Klapper "The effects of mass communication" por Xosé Ramón Rodríguez-Polo publicado en la revista electrónica Razón y Palabra. http://www.razonypalabra.org.mx/N/N75/monotematico_75/30_Rodriguez_M75.pdf

1.4. Obstáculos o barreras para la comunicación

Un obstáculo o barrera en la comunicación es cualquier interferencia que ocurre en el proceso comunicativo entre emisor y receptor que hace que el mensaje no llegue o llegue distorsionado. Pueden ser de diferentes tipos:

- **Barreras físicas**. Son las que afectan al medio en el que se produce la comunicación, por ejemplo un entorno con ruido muy alto, una llamada o videollamada con mala calidad por problemas en la señal, cobertura, etc.
- **Barreras psicológicas**. Son aquellas que tienen que ver con el estado de ánimo de los interlocutores (alegría, tristeza, fatiga, hastío...), sus prejuicios hacia el mensaje o el interlocutor, etc.
- **Barreras fisiológicas**. Tienen que ver con la limitación o incapacidad para emitir o recibir el mensaje de una determinada manera, puede afectar a cualquiera de los sentidos.
- **Barreras semánticas**. Son aquellas que ocurren cuando el significado del mensaje se interpreta de manera incorrecta debido a diferentes contextos culturales, o directamente no se entiende. Por ejemplo, levantar el dedo pulgar tiene significados distintos en numerosos países, y una misma pa-

labra en castellano puede tener multitud de significados en diferentes regiones o países.

Otro elemento que distorsiona el mensaje es **el tiempo**. Un proceso comunicativo que ha ocurrido en el pasado se puede ver distorsionado por el paso del tiempo, este genera olvidos, dudas e incertidumbres sobre lo ocurrido en dicho proceso debido al funcionamiento de nuestra memoria.

1.5. Precisión y claridad en el lenguaje

La comunicación es más sencilla si se utiliza un lenguaje claro y preciso. Estos elementos son comunes a los diferentes tipos de comunicación oral y escrita y consisten en lo siguiente:

- **Precisión**: Hay que evitar los circunloquios, la repetición innecesaria de ideas y el uso de palabras imprecisas (eso, algo, cosa...).
- **Claridad**: Se consigue utilizando estructuras breves y sencillas, exponiendo las ideas ordenadas de forma coherente con un vocabulario adecuado al interlocutor y usando recursos expresivos para que el mensaje se comprenda mejor (comparaciones, ejemplos, metáforas, etc.).

1.6. Formas de comunicación oral

El lenguaje verbal es el elemento de comunicación oral principal pero cuando hablamos influyen otros muchos factores, como hemos visto en la *Sección 1.2. Tipos de comunicación.* Durante una comunicación oral, es posible utilizar recursos de apoyo para transmitir nuestras ideas, como fotos, vídeos, presentaciones electrónicas, música, etc.

Hablar en público es una destreza que se puede entrenar, si bien requiere tiempo y práctica. Algunas personas sienten nervios, miedo, preocupación, cuando se enfrentan a un escenario o a una pequeña charla, es lo que se conoce como **pánico** o **miedo escénico**. Los mejores aliados para superarlo son tener suficientes conocimientos del tema del que se trata la exposición, haber preparado todos los aspectos de la misma y ensayar la charla previamente, primero a solas para ganar confianza y luego con personas próximas como familiares y amigos.

Algunos consejos que pueden ayudar a hacer mejor nuestras charlas son:

- Hablar a una velocidad adecuada, ni demasiado deprisa ni demasiado rápido, esto ayuda a mantener una pronunciación adecuada y clara en todo momento.

- Variar los elementos de la voz (tono, timbre, volumen) para evitar la monotonía, remarcar sentencias o momentos de la charla, etc.
- Evitar vocabulario inadecuado, la repetición de las mismas palabras y de frases hechas y muletillas (ehh, bueno, vale...).

Una cualidad que no puede faltar en todo buen orador es la de saber escuchar. Hay que observar y escuchar con interés lo que las otras personas tienen que decir para intentar comprender adecuadamente el mensaje antes de dar una respuesta, y sobre todo no interrumpir y pisar las conversaciones de otros.

1.6.1. Tipos de comunicación oral

La comunicación oral puede clasificarse de muy diversas maneras. A continuación se explican algunas de ellas, diferenciadas entre individuales y colectivas:

- **Individuales**:
  - **Alocución**. Exposición oral breve para tratar un determinado tema dirigido habitualmente por un superior a sus inferiores, o como introducción en ocasiones y actos (inauguraciones, pregones de fiestas...).
  - **Arenga**. Discurso pronunciado con vehemencia para enardecer o exaltar los ánimos de los oyentes, como puede ser el que da un entrenador a sus jugadores o el de un jefe militar a sus soldados.
  - **Conferencia**. Exposición razonada en el que se ofrecen los resultados o conclusiones sobre un tema o estudio a la audiencia de la misma, son habituales en los ambientes académicos. El auditorio puede intervenir al final o durante el desarrollo de la misma para hacer preguntas.
  - **Discurso**. Una persona expone de manera razonada un determinado tema con una cierta carga emotiva que persigue expresar ciertos sentimientos u opiniones para que el auditorio se adhiera a ellos. Por ejemplo, un discurso de agradecimiento o un mitin político.
- **Colectivos**:
  - **Asamblea**. Consiste en la reunión de un conjunto de personas para discutir determinadas cuestiones y tomar decisiones mediante sufragio. La asamblea suele ser el mayor órgano de representación y decisión de muchas organizaciones e instituciones democráticas.

— **Charla** o **coloquio**. Conversación entre dos o más personas en la que se exponen ideas, por lo general convergentes o complementarias, sobre un mismo tema y en la que la audiencia puede participar como uno más de los intervinientes.

— **Debate**. Dos o más personas defienden ideas diferentes o encontradas sobre un mismo tema. El debate suele estar estructurado y organizado con reglas firmes y una persona encargada de la moderación que asigna los turnos de palabra y hace que se respeten las reglas.

— **Entrevista**. Es una forma de diálogo en el que una persona pregunta a una o varias personas para conocer mejor ciertos ámbitos de su vida y/o de su obra.

1.6.2. La comunicación telefónica

La comunicación telefónica es el medio de comunicación oral más habitual entre personas después de la comunicación verbal presencial. Es el medio más común en la empresa para tratar con sus proveedores y clientes.

Un trato cortés y amable es fundamental para que el cliente o los consumidores no queden insatisfechos con nuestros productos o servicios y vuelvan a repetir la compra. El servicio de atención telefónica es un instrumento excelente para la fidelización de clientes.

Algunas normas a seguir para llevar a cabo una conversación telefónica satisfactoria son las siguientes:

- **Saludo y presentación**. Al inicio de la llamada debes presentarte y conocer el nombre de tu interlocutor para poder dirigirte a él adecuadamente.
- **Explicación de las razones de la llamada**. Tanto si eres la persona que llama como la que recibe la llamada, has de exponer o conocer todos los detalles que explican los motivos de la llamada. De este modo, la llamada podrá transferirse a la persona con la capacidad adecuada para resolver la misma.
- **Resolución o aplazamiento de la cuestión o incidencia**. El motivo de la llamada puede ser diverso, una queja, una consulta, una avería, una incidencia, etc. Lo ideal es que en la misma llamada esta quede resuelta pero a veces esto no es posible, por lo que hay que ofrecer soluciones alternativas o temporales que satisfagan o resarzan los perjuicios causados (por ejemplo, descuentos en próximas compras, mejoras del servicio contratado durante un periodo de tiempo, etc.).

- **Despedida**. Al terminar la conversación se debe hacer un resumen concretando los aspectos más importantes que se han tratado y despedirte con una fórmula de cortesía adecuada.

1.7. La comunicación en la empresa

Las empresas utilizan la comunicación para transmitir directivas a sus empleados, para negociar compras con sus proveedores, para vender un producto o servicio, etc. Así, podemos clasificar los tipos de comunicación que se realiza en la empresa en dos: interna y externa.

- **Comunicación interna**. Es la comunicación que se realiza entre los trabajadores de la empresa para coordinar y organizar la estrategia comercial, las tareas relativas a su ámbito de gestión, etc. Por ejemplo, el departamento de ventas puede recibir información del de contabilidad o el jefe de ventas puede transmitir a los vendedores o comerciales los objetivos fijados para el próximo mes, año, etc. En la comunicación interna podemos distinguir tres tipos: **descendente** (la comunicación es de una persona de rango superior hacia sus subordinados), **ascendente** (el subordinado se comunica con un superior) y **horizontal** (entre empleados con cargos de responsabilidad similares). Esta comunicación puede hacerse de diversas maneras pero la más importante de ellas es la **reunión de trabajo** (véase *Sección 1.7.1. Las reuniones de trabajo en el ámbito empresarial*).
- **Comunicación externa**. Es aquella que realiza la empresa hacia proveedores, distribuidores, clientes, etc. Para que sea efectiva y se logren los objetivos deseados, es necesario disponer de una imagen corporativa adecuada y una estrategia de marketing bien diseñada. Esta comunicación puede llevarse a cabo de múltiples modos: mailing postal o digital, presencialmente, telefónicamente...

Podemos distinguir también dos tipos de comunicación, de manera general, la comunicación formal y la informal. La **comunicación formal** es aquella que se realiza por canales oficiales y de la que queda constancia o registro por escrito de la misma, por ejemplo, un correo electrónico que dirige el jefe a un determinado departamento, una notificación por escrito que se envía a un cliente, etc. La **comunicación informal** es aquella que se realiza de manera espontánea o por canales no oficiales y de la cual no queda constancia escrita. Por ejemplo, es la que se produce entre los trabajadores por los pasillos o en la cafetería, o una conversación telefónica entre un comercial y un cliente.

1.7.1. Las reuniones de trabajo en el ámbito empresarial

Son el medio más habitual para transmitir una información a todos los empleados de la empresa, suelen realizarse de manera periódica y son de una duración corta que no requiere demasiada preparación. Por ejemplo, pueden ser diarias a primera hora de la mañana para organizar los equipos de trabajo y repartir las tareas del día, semanales o mensuales para revisar o poner en común cierta información, etc.

Para que una reunión de trabajo sea efectiva y tenga éxito debe tener claramente definidos los objetivos de la misma: por qué y para qué se celebra la reunión. Además, la reunión debe desarrollarse de acuerdo a un cierto orden, con unas reglas previamente establecidas y acordadas por todos, y respetando las horas de comienzo y finalización. Al concluir, deben recogerse por escrito las principales conclusiones y/o acuerdos alcanzados que deben ser revisados en las reuniones sucesivas.

Para que la reunión discurra de manera adecuada deben tenerse en cuenta algunas reglas básicas:

- **Evitar divagaciones.** La palabra debe utilizarse para tratar el tema principal sin desviarse del mismo. Además, los turnos de palabra no deben alargarse en el tiempo para evitar protagonismos.
- **Evitar conversaciones particulares.** Se deben evitar y cortar los "corrillos" o conversaciones entre grupos de personas.
- **No permitir las confrontaciones.** No se deben permitir los comentarios que van dirigidos a pisar las ideas de otros de manera despectiva, los insultos o palabras inadecuadas.
- **Fomentar la participación.** Todos deben sentirse importantes y ser escuchados, por ello es necesario fomentar la participación de aquellas personas que no lo hacen habitualmente.

1.8. Asistencia al usuario

La asistencia al usuario es el servicio que se ofrece a este antes, durante o después de una venta. En este caso, el usuario puede entenderse como sinónimo de cliente y esta asistencia se organiza en torno a un **Servicio de Atención al Cliente**.

Se pueden distinguir dos tipos de clientes:

- **Clientes externos.** Son personas o entidades que adquieren un producto o servicio y que no forman parte de la estructura empresarial. Hay diferentes tipos: minoristas, mayoristas, distribuidores, etc.

- **Clientes internos**. Son aquellas personas que trabajan dentro de la empresa u organización y para desempeñar su labor reciben productos o servicios de la misma sin pagar por ello.

La percepción que tenga el cliente de la atención recibida es primordial para su satisfacción y fidelización. Estos dos elementos son claves en el éxito empresarial ya que un cliente insatisfecho no volverá a adquirir nuestros productos y servicios, y tampoco lo recomendará a otros clientes potenciales.

Para lograr el objetivo de una atención al cliente satisfactoria, las empresas implantan procesos de calidad en sus servicios de atención al cliente. Los más habituales son:

- **ISO 9001**. Es el estándar internacional para implantar sistemas de gestión de la calidad.
- **ISO 10002**. Es el estándar internacional para la gestión de reclamaciones de clientes.

Las personas que trabajan en el Servicio de Atención al Cliente a menudo se enfrentan a situaciones difíciles con clientes enojados o descontentos; entre las conductas más habituales que adoptan los clientes podemos destacar las siguientes:

- **Cliente discutidor**. Discute todo lo que se le dice. Es aconsejable pedirle opinión y centrar la conversación en los puntos en los que está de acuerdo.
- **Cliente enojado**. Está cabreado por alguna cuestión referente a la compra o al servicio. No se debe negar su enfado con frases del tipo "no hay por qué enfadarse" ya que eso hará que se irrite aún más. Es aconsejable calmar el enfado y no prometer lo que no podamos cumplir.
- **Cliente charlatán**. Ocupan gran parte del tiempo contando una historia irrelevante para la compra. Se debe tener paciencia y no tratar de quitárnoslo de encima.
- **Cliente ofensivo**. Su actitud es provocadora e insultante. La mejor actitud es ser extraordinariamente amables para que se queden descolocados.
- **Cliente infeliz**. Son personas negativas, depresivas con una actitud poco optimista en la vida. El trato debe ser amable tratando de ayudarles en lo que están buscando.
- **Cliente quejica**. No hay nada que le guste, todo es malo y funciona mal. Debemos dejarlo que se desahogue antes de tratar el tema principal por el que ha venido.

- **Cliente exigente**. Su actitud es la de tener que hacer lo que pide. Hay que tratarlo amablemente pero sin ceder a sus exigencias.
- **Cliente conquistador**. Tiene un doble sentido en sus comentarios con claras referencias e insinuaciones sexuales. Se debe ser lo más profesional posible sin permitir la falta de respeto.
- **Cliente indeciso**. No saben lo que quieren o les cuesta decidirse por un producto o servicio. Hay que mostrarse paciente y ofrecerle alternativas y ayudarle para que tome una decisión.

Las siguientes subsecciones continúan tratando otros elementos importantes de la asistencia a usuarios como son el soporte técnico, la formación y la elaboración de guías para usuarios.

1.8.1. Utilización del soporte técnico y sus procedimientos

El soporte técnico es el servicio que se ofrece al usuario cuando este tiene alguna duda o algún problema con alguno de los productos o servicios de la empresa. El servicio de soporte técnico puede ser gratuito o de pago mediante alguna cantidad que se satisface bien de manera periódica, bien por cada solicitud de intervención que se realice.

Los mecanismos para utilizar el soporte técnico son muy diversos y varían entre empresas, los más habituales son el chat, el teléfono, o alguna herramienta web para notificar la incidencia. Además, es habitual que las medianas y grandes empresas también dispongan de soporte técnico interno para sus empleados ya que su tamaño requiere que haya un control y una gestión profesional de ello.

Algunas herramientas de software para la gestión y el control de incidencias son:

- **Freshdesk**. Software de pago para la gestión de tickets de clientes con características adicionales como el soporte mediante chat en vivo, foros, aplicación móvil, etc.
- **osTicket**. Herramienta de software libre distribuido bajo licencia GPL para la gestión de incidencias de usuarios.
- **OTRS**. Otra herramienta de software libre como indica su nombre (*Open Ticket Request System*) distribuido bajo licencia GPL, con una comunidad de desarrollo grande y muy activa.

- **Webhelpdesk**. Es un software con dos versiones, una gratuita con algunas limitaciones que se puede descargar libremente, y una versión de pago con todas las características que se puede probar durante 14 días.
- **Zendesk**. Es una suite de aplicaciones para la atención al cliente y sistema de tickets de soporte. La empresa cotiza en bolsa y tiene más de 1500 empleados y oficinas por todo el mundo.

> **Recursos**
>
> Enlaces a las herramientas de software para la gestión de incidencias de usuarios.
>
> Freshdesk: http://freshdesk.es/
>
> osTicket: http://osticket.com/
>
> OTRS: https://www.otrs.com/?lang=es
>
> Webhelpdesk: https://www.webhelpdesk.com
>
> Zendesk: https://www.zendesk.es/

Otro tipo de herramientas usadas por el soporte técnico para solucionar incidencias son las de **escritorio remoto** que permiten a los técnicos acceder al equipo del cliente y tomar el control para hacer las comprobaciones y acciones necesarias para resolverlas. Esta técnica es también utilizada por el *malware* para el robo de datos e información. Existen multitud de herramientas software para la administración remota de escritorios como TeamViewer, Real VNC o Chrome Remote Desktop.

> **Recursos**
>
> Enlaces a software de administración remota.
>
> TeamViewer: https://www.teamviewer.com/es/
>
> Real VNC: https://www.realvnc.com/es/
>
> Chrome Remote Desktop: https://chrome.google.com/webstore/

Otro elemento importante en el servicio de soporte técnico es la elaboración de un **Manual de Procedimiento**. Este documento contiene los diferentes pasos o procedimientos que los técnicos del soporte técnico deben seguir en función de la incidencia que se ha descrito. Por ejemplo, la siguiente secuencia de pasos podría ser un procedimiento para una incidencia de mal funcionamiento de la impresora:

1. Comprobar que la impresora está correctamente conectada al equipo.
2. Comprobar que el cable de conexión no está estropeado. Si no, conectarlo en un puerto distinto del equipo si es posible.

3. Reiniciar el equipo.
4. Comprobar si los drivers están correctamente instalados.
5. Desinstalar y reinstalar los drivers.

La organización o estructura interna del soporte técnico es particular de cada empresa pero con frecuencia se divide en diferentes niveles o ***tier*** (capa) en donde los técnicos de cada nivel tienen una responsabilidad bien definida. En caso de que un técnico de un nivel no pueda resolver la incidencia, esta se escala al nivel de soporte técnico superior. Por tanto, los niveles inferiores se encargan de resolver las incidencias más comunes y sencillas mientras que los niveles superiores tratan incidencias más complejas.

Lectura recomendada

Artículo de Wikipedia sobre soporte técnico.
https://es.wikipedia.org/wiki/Soporte_t%C3%A9cnico

1.8.2. Formación a usuarios

La formación en el uso de las herramientas informáticas a los usuarios es de vital importancia por diversos motivos:

- Una mejora en el manejo de las herramientas informáticas aumentará la productividad del usuario y de su empresa.
- El mal uso de las herramientas informáticas puede abocar al negocio al fracaso. Por ejemplo, el robo de datos personales y de información sensible puede desprestigiar la empresa hasta el punto de que los clientes dejen de comprar sus servicios, o a multas millonarias que no puedan pagar.
- La tecnología en general y el software en particular están en constante evolución, con actualizaciones y nuevas versiones cada poco tiempo se hace necesario un plan de formación continua para que los usuarios no se queden obsoletos.

Los dos siguientes apartados hablan de aspectos concretos de la formación de usuarios: el asesoramiento en el uso de aplicaciones y las políticas de seguridad.

Asesoramiento en el manejo de utilidades y aplicaciones

El asesoramiento y la formación de los usuarios debe realizarse por personal cualificado en estas tareas, y este no es siempre, necesariamente, el personal más experto en el uso de dichas utilidades. Las malas prácticas en la formación de los usuarios pueden generar rechazo en estos, es por ello que muchas empresas recurren a expertos para formar a sus usuarios.

Más allá de esto, las empresas pueden distribuir entre sus usuarios boletines periódicos, tener disponible una buena base de datos de consultas, una wiki para compartir información con los usuarios de las acciones concretas más comunes de una herramienta, una biblioteca con libros técnicos a disposición de todo el personal, y cuantas otras acciones puedan llevarse a cabo para mejorar la formación de los usuarios.

Políticas de seguridad

Los usuarios deben ser conscientes de que sus actuaciones negligentes pueden tener consecuencias nefastas. Para ello, deben ser formados para conocer y respetar todas las políticas y medidas de seguridad que implante la empresa. Algunos ejemplos de estas políticas son:

- **Contraseñas seguras y secretas**. La política de contraseñas es muy diversa entre los administradores de sistemas: una longitud mínima, presencia de mayúsculas, minúsculas, números y caracteres especiales, no deben ser palabras reconocidas en un diccionario o información personal que pueda descubrirse como fechas, nombres de mascotas, etc. Además, las contraseñas no deben desvelarse nunca, a nadie, por ningún medio.
- **Desconfiar siempre**. Los hackers emplean multitud de técnicas para robar información confidencial, la ingeniería social y el *phishing* son algunas de ellas. Por ello, se debe desconfiar de cualquier llamada telefónica, mensaje, correo electrónico, etc., donde nos pregunten o pidan que introduzcamos información personal, que visitemos alguna página web o que descarguemos o instalemos algún fichero o software. Estas son las principales vías de infección de virus informáticos y de robo de cuentas.
- **Mantener el software actualizado**. Esta acción es fundamental para evitar que los piratas informáticos aprovechen las vulnerabilidades del software o ***bugs*** para introducirse en nuestros equipos.
- **Descargar y ejecutar software de confianza**. Tan importante es mantener el software actualizado como no instalar software de procedencia dudosa ya que este podría contener virus.
- **Notificar cualquier sospecha**. Ante la más mínima duda o sospecha de ataque o intento del mismo debe informarse a los responsables de seguridad de la empresa.

Además, dependiendo de la información sensible que se halle almacenada en la empresa, las políticas de seguridad de esta pueden ser más exhaustivas, como la prohibición de introducir y/o usar teléfonos móviles y unidades de memoria (*pendrives*), registros y controles de acceso a las instalaciones, uso de herramientas de monitorización de la red interna, etc.

1.8.3. Elaboración de guías textuales o visuales para los usuarios

La guía o manual de usuario es un elemento fundamental de cualquier producto o servicio ya que ofrece toda la información necesaria para su uso, como por ejemplo, las instrucciones de instalación, consejos de limpieza, descripción de toda la funcionalidad, ejemplos de uso, preguntas frecuentes, errores habituales, etc. Están diseñadas para ser impresas, ser distribuidas como ficheros PDF o ser consultadas en línea como página web.

Las empresas suelen tener personas dedicas a la redacción y elaboración de las guías de usuario, un escritor o **redactor técnico** que ha estado involucrado en el desarrollo del mismo.

Pueden elaborarse guías o manuales para cualquier producto o servicio pero suelen estar más relacionados con productos eléctricos, electrónicos, informáticos, software, servicios en línea, etc. En esta sección se ofrecerán consejos orientados a la elaboración de guías de usuario enfocadas al uso de herramientas software, si bien, muchos de estos consejos pueden aplicarse también a cualquier otro tipo de guía.

Las secciones que encontraremos en casi cualquier guía de usuario son:

- **Descripción del producto y del contenido**. Se describe el producto o servicio con las principales novedades de la última versión. En caso de que sea un producto tangible, como por ejemplo un teléfono móvil, se suelen describir todos los objetos que vienen en la caja (batería, cargador, auriculares, etc.).
- **Requisitos mínimos**. Esta sección describe los requisitos que necesita el sistema para que pueda funcionar. Por ejemplo, puede describir las características del hardware necesario, versiones de software que debe haber instalado, etc.
- **Precauciones y advertencias**. Aquí se describen las advertencias de seguridad y los consejos de utilización para manejar el producto o servicio de forma segura para que no ocurran accidentes.
- **Instalación y configuración**. Detalla de manera pormenorizada cada uno de los pasos que hay que seguir para poner el producto o servicio en funciona-

miento. Es habitual que se incluyan capturas de pantalla de las acciones más importantes.

- **Primeros pasos o funciones básicas**. Otra sección habitual es la que describe de manera rápida y breve el funcionamiento del producto o servicio de modo que en poco tiempo se pueda empezar a utilizarlo.
- **Funciones avanzadas**. Es la sección más extensa de toda la guía y describe con el mayor detalle posible todas y cada una de las funcionalidades existentes en el producto o servicio.
- **Solución de problemas**. Esta sección es muy importante ya que ofrece información de los principales fallos o problemas de funcionamiento que el usuario puede encontrarse explicando cómo solucionarlos.
- **Preguntas frecuentes**. Es bastante común que las guías de usuario incluyan una sección que recopila las preguntas más habituales de los usuarios resolviendo así las dudas que estos puedan tener durante el uso del producto o servicio.
- **Más ayuda y datos de contacto**. Esta sección no suele ocupar demasiado espacio pero es muy útil para el usuario en caso de que no encuentre respuesta en la información descrita en la guía. Ofrece referencias de dónde obtener más información y dónde contactar con el vendedor.

En muchos **manuales de software** es habitual encontrar que estos están divididos en función del perfil del usuario, por ejemplo, por un lado suele estar la **guía del administrador** y por otro la **guía del usuario**, y dependiendo del tipo de software también podemos encontrarnos la **guía del desarrollador**. También es posible encontrar guías de usuario divididas en función del dispositivo en donde se ejecuta, por ejemplo una aplicación de software que se ejecuta en un dispositivo móvil, en el escritorio y/o en la web.

La Ilustración 1 muestra un ejemplo de manual de usuario de la herramienta Moodle, un software para entornos de aprendizaje en línea o *elearning*. El manual de Moodle está dividido en un manual para el profesor, un manual para el alumno y un manual para administradores.

Por último, las guías de usuario suelen tener un alto contenido visual que respalda las explicaciones textuales. Los gráficos e imágenes ayudan al usuario a entender mejor el proceso y a asegurarse de que está realizando las acciones de manera correcta. El tipo de información visual puede ser fotografías, gráficos, imágenes elaboradas con software de diseño gráfico, capturas de pantalla o "*pantallazos*", etc.

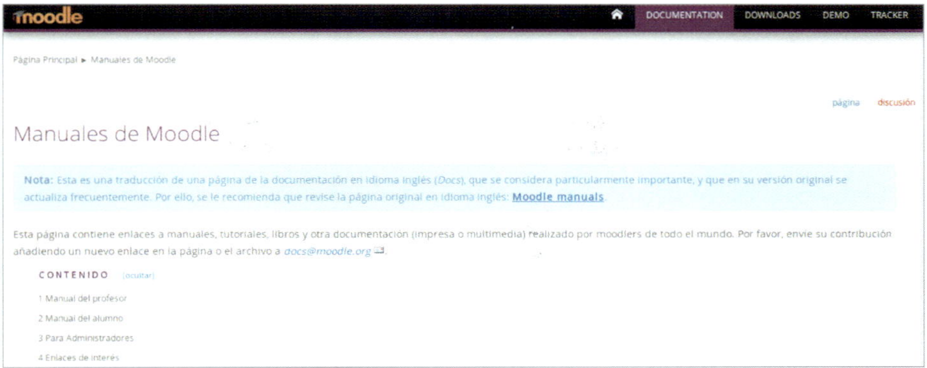

Ilustración 1. Captura de la sección de Manuales de usuario de Moodle.
Url: https://docs.moodle.org/all/es/Manuales_de_Moodle.

> **Lectura recomendada**
>
> Artículo de WikiHow sobre cómo elaborar un manual de usuario.
> http://es.wikihow.com/hacer-un-manual-de-usuario

No podemos terminar esta sección sin mencionar los **videotutoriales**, que han tenido un crecimiento enorme en los últimos años gracias a la proliferación de plataformas de alojamiento de vídeo como Youtube o Vimeo. Un videotutorial de software consiste en grabar o capturar la pantalla del ordenador o de otro dispositivo como el móvil o la tablet, para hacer una demostración o explicación de uso de dicho programa. Para crear un videotutorial de calidad es necesario seguir algunos consejos:

- **Preparación**. Es necesario preparar y estudiar los contenidos que se van a tratar en el vídeo, documentarse previamente y explicar todo el proceso, problemas que puede encontrarse el usuario, etc.
- **Guionizado**. Preparar un sencillo guión de lo que va a aparecer en el vídeo y lo que se va a decir en el mismo. Hay que evitar mostrarse dubitativo ya que generaría desconfianza en el usuario.
- **Grabación**. El vídeo debe ser breve, entre 5 y 10 minutos aproximadamente, y centrarse en un tema concreto, es preferible grabar varios vídeos cortos para tratar cada uno de los temas de manera independiente que un vídeo largo en el que se hable de todo en conjunto.
- **Posproducción**. El último paso antes de publicar el vídeo es la posproducción, entre otras tareas pueden estar la de incluir una intro, música de cobertura, información o mensajes descriptivos, subtítulos, editar el vídeo para eliminar fragmentos innecesarios, moverlos, etc.

Existen multitud de herramientas, libres, gratuitas y de pago, para crear videotutoriales, las más conocidas son:

- **Adobe Captivate**. Software de pago de Adobe para la creación de videotutoriales disponible para Mac y Windows. La versión más reciente es de 2017.
- **Camtasia**. Software de pago para Windows y Mac que ofrece multitud de herramientas para crear los videotutoriales (grabación del escritorio, grabación de uno mismo, efectos de vídeo, edición de vídeo, etc.).
- **Camstudio**. Herramienta para Windows distribuida como software libre con licencia GPL. Su última versión estable es de octubre de 2013.
- **Ezvid**. Es otra herramienta para plataformas Windows de captura y edición de vídeo.
- **FFsplit**. Es un *frontend* para Windows de la herramienta *ffmpeg* para crear capturas de pantalla. Contiene multitud de opciones como la de emitir la grabación en directo a través de *streaming*.
- **Krut**. Otra herramienta con licencia GPL desarrollada en Java para la grabación del escritorio.
- **Open Broadcaster Software**. Herramienta de software libre distribuida bajo licencia GPL y disponible en plataformas Mac, Windows y GNU/Linux. Permite grabar y emitir vídeos en directo mediante *streaming*.
- **ScreenFlow**. Herramienta de captura de pantalla y edición de vídeo para plataformas Mac.
- **Screencast-O-Matic**. Herramienta que permite crear videotutoriales desde la web. Existe una versión gratuita con funcionalidad limitada y una versión de pago.

Recursos

Enlaces a las herramientas de creación de videotutoriales:

Adobe Captive: http://www.adobe.com/es/products/captivate.html

Camtasia: https://www.techsmith.com/video-editor.html

Camstudio: http://camstudio.org/

Ezvid: https://www.ezvid.com/

FFsplit: http://www.ffsplit.com/

Krut: http://krut.sourceforge.net/

Open Broadcaster Software: https://obsproject.com/

ScreenFlow: https://www.telestream.net/screenflow/overview.htm

Screencast-O-Matic: https://screencast-o-matic.com/

1.9. Derechos de autor y normativa vigente

La Organización Mundial de la Propiedad Intelectual, OMPI (en inglés WIPO – *World Intellectual Property Organization*) define el concepto de **propiedad intelectual** de la siguiente manera:

> *"La propiedad intelectual (P.I.) se relaciona con las creaciones de la mente: invenciones, obras literarias y artísticas, así como símbolos, nombres e imágenes utilizados en el comercio."*

La OMPI divide la propiedad intelectual en dos categorías:

- La **propiedad industrial**, que abarca las patentes de invención, las marcas, los diseños industriales y las indicaciones geográficas.
- El **derecho de autor**, que abarca las obras literarias (novelas, poemas, obras de teatro, etc.), las películas, la música, las obras artísticas (dibujos, pinturas, fotografías...) y los diseños arquitectónicos. Entre los derechos de autor, se distinguen los **derechos conexos** que protegen las interpretaciones, las grabaciones originales y la radiodifusión de las obras.

Recurso

Web de la OMPI con multitud de recursos relacionados con propiedad intelectual y derechos de autor.
http://www.wipo.int/portal/es/index.html

En España, el Ministerio de Educación, Cultura y Deporte define la propiedad intelectual así:

> *"La propiedad intelectual es el conjunto de derechos que corresponden a los autores y a otros titulares (artistas, productores, organismos de radiodifusión...) respecto de las obras y prestaciones fruto de su creación."*

Por tanto, en esta definición queda fuera la propiedad industrial cuya normativa está regulada por diferentes leyes: una Ley de Patentes, una Ley de Marcas, una Ley de Diseños industriales y una Ley de Protección Jurídica de las topografías de los productos semiconductores (véase la *Sección 1.9.2. Patentes, Marcas y Propiedad Industrial*).

Recurso

Portal del MECD sobre propiedad intelectual.
http://www.mecd.gob.es/cultura-mecd/areas-cultura/propiedadintelectual/portada.html

En las siguientes subsecciones se describirán y ampliarán los conceptos relacionados con la propiedad intelectual, los derechos de autor y la propiedad industrial.

1.9.1. Derechos de autor y la Ley de la Propiedad Intelectual

Como se explicó en la sección anterior, en España la propiedad intelectual regula todos los elementos relacionados con los derechos de autor, por ello, se estudiarán conjuntamente en este epígrafe.

El Real Decreto Legislativo 1/1996, de 12 de abril, por el que se aprueba el texto refundido de la Ley de Propiedad Intelectual (LPI), regularizando, aclarando y armonizando las disposiciones legales vigentes sobre la materia, constituye la normativa básica sobre derechos de autor y propiedad intelectual. La ley ha sufrido numerosas modificaciones, tanto legislativas como por cumplimientos de sentencias del Tribunal Supremo y de la justicia europea. La última modificación realizada recientemente por el Real Decreto-ley 12/2017, de 3 de julio, viene a modificar el sistema de compensación por **copia privada** aprobado anteriormente, el llamado **canon**, que se pagaba entre todos y todas con cargo a los presupuestos generales del estado y que la justicia declaró ilegal. El nuevo sistema aprobado consiste en una tasa o impuesto a satisfacer por los fabricantes y distribuidores de equipos, aparatos y soportes de reproducción (artículo 25 de la LPI).

Otro aspecto de la ley que ha causado bastante controversia es la llamada **tasa Google** o **canon AEDE** (Asociación de Editores de Diarios Españoles), que establece una compensación que los agregadores de noticias como Google News tienen que pagar a los editores por publicar "fragmentos no significativos" de noticias de sus artículos. Tras esta modificación de la LPI, Google anunció que dejaba de incluir noticias de medios españoles en su agregador.

> **Lectura recomendada**
>
> Texto refundido de la Ley de Propiedad Intelectual.
> https://www.boe.es/buscar/act.php?id=BOE-A-1996-8930&b=32&tn=1&p=20060708#a18

La LPI protege todo tipo de obras originales, escritas, musicales, artísticas, cinematográficas, programas de ordenador, etc, así como las obras derivadas, traducciones, adaptaciones, arreglos musicales, etc. (Artículos 10 y 11 de la LPI).

Se distinguen dos tipos de **derechos de autor**:

- **Derechos morales**. Estos derechos corresponden al autor en exclusividad y son irrenunciables e inalienables, incluso tras la muerte del autor o tras la expiración del periodo de licencia de los derechos, el autor de la obra debe ser reconocido. Son derechos morales, el derecho a decidir si la obra ha de ser divulgada y en qué forma, si la obra se divulgará con su nombre, bajo seudónimo o anónimamente, el derecho a impedir cualquier modificación de la misma, etc. (artículo 14 de la LPI).
- **Derechos de explotación**. Los autores tienen derechos exclusivos o pueden cederlos a terceros para su explotación. Son derechos de explotación la reproducción (en cualquier formato), la distribución (venta, alquiler, préstamo, o cualquier otro medio), comunicación pública, transformación (traducciones, adaptaciones, o cualquier otra), etc. (artículos 17 a 23 de la LPI).

Los derechos de autor se aplican automáticamente al autor o autores por el mero hecho de haber creado la obra. Este y otros aspectos están contenidos en el **Convenio de Berna para la Protección de las Obras Literarias y Artísticas** suscrito por más de 170 estados, firmado por primera vez en 1886 y enmendado por última vez en 1979.

Lectura recomendada

Artículo en Wikipedia sobre el Convenio de Berna.
https://es.wikipedia.org/wiki/Convenio_de_Berna_para_la_Protecci%C3%B3n_de_
las_Obras_Literarias_y_Art%C3%ADsticas

El tiempo de protección de los derechos de autor de una obra depende de diversos factores. El Convenio de Berna establece un mínimo de protección que dura la vida del autor más 50 años desde la muerte del mismo. En Estados Unidos y la Unión Europea este periodo se extiende 70 años tras la muerte del autor de la obra o, en caso de varios coautores, desde el fallecimiento del último coautor. En el caso de obras anónimas (o cuando el autor es una empresa o institución) la duración del derecho de autor será de 70 años desde su distribución, salvo cuando el autor sea conocido que se estará al supuesto explicado anteriormente. Tras la muerte del autor los derechos del mismo pasan a ser gestionados por sus herederos.

Las obras artísticas, tras su creación, son interpretadas por músicos, actores, etc., son grabadas por productores de fonogramas o emitidas radiofónicamente, lo que le confiere creatividad y originalidad a la obra y la LPI concede a sus autores los llamados **derechos conexos**. Por ejemplo, un autor puede escribir y componer una canción que estaría protegida por los derechos de autor. Posteriormente, la interpretación de esta composición por una banda o grupo musical, la grabación en formato CD, LP, mp3 o cualquier otro estaría protegida por los derechos conexos.

> **Recurso**
> Guía de propiedad intelectual para jóvenes del MECD.
> https://www.mecd.gob.es/cultura-mecd/areas-cultura/propiedadintelectual/mc/guia-ompi/presentacion.html

El término ***Copyright*** y el símbolo con el que se representa © están ampliamente extendidos para referirse a que una obra está protegida por los derechos de autor, tanto los derechos morales como los de explotación, si bien, este término tiene origen en el mundo anglosajón donde está más enfocado a los derechos de explotación.

Cuando los derechos de autor de una obra expiran, esta pasa al **dominio público** y podrá ser accedida, distribuida y modificada libremente por cualquier persona o entidad aunque deberán respetarse los derechos morales de autoría. Se ha de tener especial cuidado puesto que una modificación de una obra de dominio público puede tener consideración de **obra derivada** y estar protegida por derechos de autor. Además de las obras protegidas por derechos de autor y las obras en dominio público, existen diferentes tipos de licencias que los autores asignan a sus obras para otorgar o restringir derechos sobre las mismas, esto se describirá en mayor detalle en la *Sección 1.10. Tipos de licencia de software*.

1.9.2. Patentes, Marcas y Propiedad Industrial

En España, la propiedad industrial engloba a:

- **Diseños industriales**: protegen la apariencia externa de los productos (el diseño de una botella de refresco, las líneas de un vehículo, la forma de una afeitadora...).
- **Marcas y nombres comerciales (signos distintivos)**: protegen combinaciones gráficas y/o denominativas que ayudan a distinguir en el mercado unos productos o servicios de otros similares. No solo se protege el nombre de la marca, también la tipografía, el color, etc.

- **Patentes y modelos de utilidad**: protegen invenciones consistentes en productos y procedimientos susceptibles de reproducción y reiteración con fines industriales.
- **Topografías de semiconductores**: protegen el esquema de trazado de las distintas capas y elementos que componen un circuito integrado, su disposición tridimensional y sus interconexiones.

La Oficina Española de Patentes y Marcas (OEPM) es un organismo autónomo del Ministerio de Industria, Energía y Turismo que se encarga de toda la gestión y protección jurídica en las distintas modalidades de propiedad industrial.

Recurso

Web de la Oficina Española de Patentes y Marcas (OEPM).
https://www.oepm.es/es/index.html

Diseños industriales

La OEPM define diseño industrial como:

> *"La apariencia u ornamentación de un producto o de una parte de él, que hacen que visualmente sea diferente a otro sin tener en cuenta ninguna de sus características técnicas o funcionales. La definición de producto es muy amplia y engloba tanto productos industriales como artesanales."*

Además de lo que se entiende tradicionalmente por diseño, también pueden protegerse las estructuras arquitectónicas, las portadas de un libro, una página web, un escaparate, etc. Los programas informáticos no se incluyen en este concepto.

La Ley 20/2003, de 7 de julio, de Protección Jurídica del Diseño Industrial es la normativa básica española que protege los diseños industriales y establece el régimen jurídico correspondiente. La duración del registro es de 5 años renovables por periodos similares.

Lectura recomendada

Texto consolidado de la Ley 20/2003 de Protección Jurídica del Diseño Industrial.
https://www.boe.es/buscar/act.php?id=BOE-A-2003-13615

Un diseño industrial puede protegerse en diferentes ámbitos: nacional, comunitario e internacional. Para registrar un diseño industrial en el ámbito nacional se tramita la solicitud a través de la OEPM de acuerdo a los requisitos establecidos en la Ley 20/2003. Además, es posible proteger un diseño industrial en la Unión Europea presentando una única instancia en la OEPM pagando una tasa de transmisión a la EUIPO (Oficina de Propiedad Intelectual de la Unión Europea), o presentándola directamente en la EUIPO.

Recurso

Web de la Oficina de Propiedad Intelectual de la Unión Europea (EUIPO).
https://euipo.europa.eu/ohimportal/es/

Por último, también es posible proteger un diseño industrial de manera simultánea en más de 66 países a través del procedimiento conocido como **Sistema o Arreglo de la Haya** que comprende varios tratados internacionales.

Recurso

Información sobre el Sistema o Arreglo de la Haya en la web de la OMPI.
http://www.wipo.int/treaties/es/registration/hague/

Marcas y nombres comerciales (signos distintivos)

La marca y el nombre comercial son signos distintivos protegidos por el estado que dotan a su titular el derecho exclusivo de uso e impiden a otros que puedan utilizarlos en España.

- La **marca** permite distinguir productos o servicios frente a otros similares de la competencia.
- El **nombre comercial** es la denominación que identifica a una empresa en el tráfico mercantil. Se diferencia de la **denominación o razón social** en que esta identifica a la persona jurídica y por tanto está sujeta a derechos y obligaciones.

La marca y el nombre comercial se tramitan a través de la OEPM y la denominación social a través del Registro Mercantil Central. La marca y el nombre comercial tienen una vigencia de 10 años renovables indefinidamente por periodos similares. En España, la Ley 17/2001, de 7 de diciembre, de Marcas, establece el marco normativo básico para la gestión de signos distintos.

Lectura recomendada

Texto consolidado de la Ley 17/2001 de Marcas.
https://www.boe.es/buscar/act.php?id=BOE-A-2001-23093

El registro de una **marca internacional** puede hacerse de acuerdo al **Sistema de Madrid** que comprende dos tratados internacionales, el Arreglo de Madrid y el Protocolo de Madrid, y que en la actualidad engloba a más de 100 países. De este modo, mediante una única tasa y una única solicitud se obtiene el registro de una marca internacional con protección en todos los países miembros del Sistema de Madrid. También es posible, mediante este procedimiento, la protección de una marca en la Unión Europea.

Recurso

Información sobre el Sistema de Madrid en la web de la OMPI.
http://www.wipo.int/madrid/es/

Patentes y modelos de utilidad

Las patentes y los modelos de utilidad protegen las invenciones y otorgan los derechos a su titular de impedir temporalmente a otros la fabricación, venta o utilización comercial en España de dicha invención. A cambio de estos derechos, el titular está obligado a explotar la patente o modelo de utilidad en el plazo de cuatro años desde la presentación de solicitud de patente o de tres años desde la fecha en que se publique la concesión de la misma (la que expire más tarde).

Las patentes y los modelos de utilidad se conceden por un plazo de 20 años y 10 años, respectivamente, después de los cuales las invenciones pasan al dominio público. Solo en el caso de productos farmacéuticos y fitosanitarios es posible solicitar un Certificado Complementario de Protección (CCP) que extiende por 5 años la protección del producto comercializado una vez caduque la patente.

La diferencia entre una patente y un modelo de utilidad es que esta última es de un menor rango inventivo y en general se trata de mejoras a aparatos o herramientas ya conocidos. Estos elementos están regulados por la Ley 24/2015, de 24 de julio, de Patentes que entró en vigor el 1 de abril de 2017, derogando la anterior Ley 11/1986, de 20 de marzo. El Título II de la Ley establece los criterios de patentabilidad, qué invenciones son patentables y cuáles no podrán ser objeto de patente, por ejemplo, no pueden patentarse los descubrimientos, las teorías científicas, los métodos matemáticos, los programas de ordenador, los procedimientos de clonación de seres humanos, etc.

Lectura recomendada

Texto de la Ley 24/2015 de Patentes.
https://www.boe.es/diario_boe/txt.php?id=BOE-A-2015-8328

Se puede obtener una patente a nivel nacional a través de la OEPM, a nivel europeo a través de la Oficina Europea de Patentes (EPO) y a nivel internacional a través del Tratado de Cooperación en materia de patentes (PCT).

Para obtener una patente con protección europea en todos los países firmantes del Convenio de la Patente Europea (38 países en 2017) se puede hacer bien a través de la OEPM o de las oficinas de las Comunidades Autónomas, y es necesario que la solicitud esté traducida al inglés, francés o alemán.

Recurso

Web de la Oficina Europea de Patentes (EPO – *European Patent Office*).
https://www.epo.org/index.html

La obtención de una patente internacional se hace por medio del Tratado de Cooperación en materia de Patentes que ofrece protección en todos los países firmantes (152 en 2017) y la tramitación se realiza a través de la OEPM, que además tiene una gran ventaja puesto que este organismo actúa como Administración Internacional de Búsqueda y Examen Preliminar Internacional y permite a los solicitantes realizar todas las actuaciones en español y de manera accesible.

Recurso

Información del Sistema Internacional de Patentes (PCT) en la web de la OMPI.
http://www.wipo.int/pct/es/

Topografías de semiconductores

Este es el elemento de propiedad intelectual de más reciente creación y que se encuentra protegido y regulado por la Ley 11/1988, de 3 de mayo, de Protección Jurídica de las topografías de los productos semiconductores, de esta manera se protegen los esquemas de trazados de los circuitos integrados. Su duración es de 10 años desde que se explota por primera vez o se registra la topografía.

> **Lectura recomendada**
> Texto consolidado de la Ley 11/1988 de Protección Jurídica de las topografías de los productos semiconductores.
> https://www.boe.es/buscar/act.php?id=BOE-A-1988-11074

1.9.3. La Ley Orgánica de Protección de Datos y Seguridad Informática

En España, la Ley Orgánica 15/1999, de 13 de diciembre, de Protección de Datos de Carácter Personal (LOPD), modificada por la Ley 62/2003 de medidas fiscales, administrativas y del orden social; establece los derechos de los ciudadanos a consultar, rectificar y cancelar los datos personales almacenados por una empresa. Además, establece los distintos grados de seguridad informática que deben aplicarse a los ficheros según el tipo de información que contengan, y las infracciones en las que se puede incurrir si se incumplen las normas de seguridad previstas en la ley.

Los tipos de sanciones previstos en la ley son:

- **Infracciones leves:** sancionadas con multa de 900 a 40.000 euros.
- **Infracciones graves:** sancionadas con multa de 40.001 a 300.000 euros.
- **Infracciones muy graves:** sancionadas con multa de 300.001 a 600.000 euros.

> **Lectura recomendada**
> Texto consolidado de la Ley 15/1999 de Protección de Datos de Carácter Personal (LOPD).
> https://www.boe.es/buscar/act.php?id=BOE-A-1999-23750

El desarrollo normativo básico de la LOPD se encuentra en el Real Decreto 1720/2007, de 21 de diciembre, por el que se aprueba el Reglamento de desarrollo de la Ley Orgánica 15/1999, de 13 de diciembre, de protección de datos de carácter personal. Algunos de sus artículos han sido modificados por normativa posterior y otros anulados por sentencias del Tribunal Supremo.

De este Real Decreto es de interés, especialmente, el Título VIII de las medidas de seguridad en el tratamiento de datos de carácter personal, donde se describen:

- los tipos de ficheros o datos de carácter personal aplicables a los distintos niveles de seguridad (básico, medio y alto),
- el responsable o encargado del tratamiento,
- el documento de seguridad que recoge las medidas técnicas y organizativas de obligado cumplimiento para el personal con acceso a los sistemas de información,
- las medidas de seguridad aplicables a ficheros y tratamientos automatizados y no automatizados, para cada uno de los niveles de seguridad (registro de incidencias, control de acceso, identificación y autenticación...).

Lectura recomendada

Texto consolidado del RD 1720/2007 por el que se aprueba el Reglamento de desarrollo de la LOPD.
http://www.boe.es/buscar/act.php?id=BOE-A-2008-979

La Agencia Española de Protección de Datos (AGPD) es la encargada de hacer cumplir esta ley y de imponer las multas por las infracciones que se cometan. Asimismo, mantiene el registro de los ficheros de datos, tanto públicos como privados, y es el órgano a donde tienen que dirigirse las empresas y organismos que deseen inscribir ficheros de datos de carácter personal que utilicen en sus sistemas.

La AGPD dispone de numerosas publicaciones y guías para clientes y prestadores de servicios, entre ellas podemos destacar la **Guía de Seguridad de Datos** de 2010. Es obligación de los responsables de ficheros elaborar un documento interno llamado **documento de seguridad** que debe mantenerse siempre actualizado.

Recurso

Publicaciones y guías de la Agencia Española de Protección de Datos (AGPD).
http://www.agpd.es/portalwebAGPD/canaldocumentacion/publicaciones/index-ides-idphp.php

1.10. Tipos de licencia de software

El número de tipos de licencias de software existentes es bastante elevado por lo que se dará una visión lo más extensa posible describiendo las licencias más importantes. Además de las licencias que se aplican de manera exclusiva al software, es útil y necesario describir aquellas licencias de carácter general que se aplican a cualquier tipo de creación, como por ejemplo las licencias *Creative Commons*.

1.10.1. Licencias de uso general (*Creative Commons*)

El autor de una obra es libre de elegir con qué licencia quiere distribuirla y ponerla a disposición, desde restringir cualquier tipo de derecho aplicando las leyes de propiedad intelectual (véase *Sección 1.9.1. Derechos de autor y la Ley de la Propiedad Intelectual*), hasta ofrecerla libre de derechos de autor poniéndola bajo dominio público. Entre un extremo y otro hay todo un abanico de posibilidades que describiremos a continuación.

Creative Commons (CC) son un tipo de licencias de carácter general que están ampliamente extendidas y son muy utilizadas para distribuir contenidos a través de Internet, actualmente se encuentran en su versión 4.0. Las licencias se eligen en función de tres factores:

- **Reconocimiento**. Todas las licencias CC requieren que cualquiera que vaya a usar la obra dé obligatoriamente el crédito de la creación a su autor. Si no se quiere dar crédito, se debe solicitar el permiso del autor.
- **Obras derivadas**. El autor puede denegar, autorizar o autorizar siempre que esta se distribuya bajo la misma licencia, la creación de obras derivadas a partir de la suya.
- **Uso comercial**. El autor puede autorizar o denegar el uso comercial.

La combinación de todas estas opciones permite crear 6 licencias diferentes:

- Solo reconocimiento: *Attribution* (CC BY) .
- Reconocimiento compartir igual: *Attribution-ShareAlike* (CC BY-SA) .
- Reconocimiento sin obras derivadas: *Attribution-NoDerivs* (CC BY-ND) .
- Reconocimiento sin uso comercial: *Attribution-NonCommercial* (CC BY-NC) .

- Reconocimiento sin uso comercial y compartir igual: *Attribution-NonCommercial-ShareAlike* (CC BY-NC-SA).
- Reconocimiento sin uso comercial ni obras derivadas: *Attribution-NonCommercial-NonDerivs* (CC BY-NC-ND).

> **Recurso**
> Información de las distintas licencias de *Creative Commons.*
> https://creativecommons.org/licenses/?lang=es_ES

Además, *Creative Commons* dispone de dos licencias más para el dominio público:

- Dedicación a dominio público: CC0.
- Etiqueta de dominio público:

En la primera de estas licencias, la dedicación a domino público (CC0), el autor renuncia a sus derechos de explotación (recordemos que no puede renunciar a los derechos morales) y pone la obra a disposición de todo el público para cualquier fin antes de que haya expirado el plazo legal recogido en la LPI para que la obra pase a dominio público.

La segunda, más que una licencia es una etiqueta, ya que es la manera de identificar todas aquellas obras que se encuentran en dominio público porque ha expirado el plazo legal de derechos de autor.

1.10.2. Licencias de software.

El software, como cualquier otro producto, puede estar protegido por los derechos de autor contemplados en la LPI, que tiene varios artículos específicamente dedicados a los programas de ordenador y las bases de datos. En esta sección profundizaremos en algunas de las licencias más importantes que se aplican de manera exclusiva a los programas o servicios informáticos y que han ido proliferando en los últimos años de manera notable.

En los comienzos de la informática, el software se vendía en cajas y se distribuía a través de comercios autorizados. En su mayoría, este software era de tipo propietario o privativo (véase la *Sección 1.10.3. Tipos de programa*) y el comprador obtenía una **licencia de usuario final**, por sus siglas en inglés EULA (*End User License Agreement*). Este tipo de licencias limitaba el uso del software a un solo equipo además de informar del resto de restricciones que pudiera disponer el dueño del mismo, estando obligado el usuario a aceptar esta licencia antes de poder instalar y utilizar el software.

Hoy en día, este tipo de licencia ha evolucionado a los nuevos entornos web, en los cuales lo habitual es que el usuario acepte los **términos y condiciones del servicio** y la **política de privacidad** antes de poder registrarse.

Lectura recomendada

Artículo en WikiHow sobre cómo redactar términos y condiciones y políticas de privacidad.
http://es.wikihow.com/redactar-t%C3%A9rminos-y-condiciones-y-pol%C3%ADticas-de-privacidad-de-una-empresa

Como se explica en la *Sección 1.10.3. Tipos de programa*, la *Free Software Foundation* (FSF) promueve y defiende el uso del software totalmente libre de derechos de autor a través de GNU, un proyecto para la creación de un sistema operativo totalmente libre y abierto, y para ello dispone de la licencia GNU GPL (***GNU General Public License***). Tal y como describe la propia FSF, esta licencia se basa en cuatro libertades que todo usuario debería tener:

- La libertad para usar el software para cualquier propósito.
- La libertad para cambiar el software según las necesidades de cada uno.
- La libertad de compartir el software como y con quien se desee.
- La libertad para compartir los cambios que se hagan al software.

El software que respeta estas cuatro libertades se conoce como software libre. Un concepto importante incluido en la licencia GPL es el de ***Copyleft***, mediante el cual las obras derivadas deben compartirse en los mismos términos que la obra original. Así, si un determinado software está licenciado bajo GPL y es modificado por un tercero, el software resultante con esas modificaciones seguirá siendo GPL. Por ejemplo, las licencias *Creative Commons* que incluyen la opción *ShareAlike* (compartir igual) son licencias *Copyleft* (véase *Sección 1.10.1. Licencias de uso general (Creative Commons)*).

Otras licencias elaboradas por GNU son las siguientes:

- ***GNU Lesser General Public License*** (GNU LGPL). Es una licencia que permite distribuir librerías sin *Copyleft* de modo que podrían ser incluidas en software propietario. La recomendación general de la FSF es de no usar esta licencia aunque hay determinados casos en los que está justificado (por ejemplo, aquellas librerías que ya existen en entornos propietarios y que no aportan una ventaja significativa a GNU).

- ***GNU Affero General Public License*** (GNU AGPL). Está basada en GPL y añade una cláusula adicional para software específico que interactúa a través de redes de ordenadores.
- ***GNU Free Documentation License*** (GNU FDL). Una licencia orientada a manuales, libros o cualquier documentación.

Además de las licencias ofrecidas por GNU, existen multitud de licencias que pueden considerarse software libre como la licencia FreeBSD, la licencia Apache 2.0, o la licencia pública de Mozilla MPL 2.0.

Recurso

Lista de licencias de software, de documentación y para otro tipo de obras elaborada por la FSF.
https://www.gnu.org/licenses/license-list.es.html

1.10.3. Tipos de programa

La clasificación del software se puede hacer atendiendo a multitud de factores y elementos. En esta sección se describe una clasificación del software en función del acceso a su código fuente:

- **Software libre**. El movimiento de software libre fue iniciado por Richard Stallman en 1985 con la fundación de la *Free Software Foundation* (FSF). Este tipo de software, por elección de su autor, puede ser copiado, modificado, redistribuido y utilizado libremente y para cualquier fin, siempre y cuando cualquiera de estas modificaciones y alteraciones respeten la licencia original. Existe cierta confusión entre software libre y gratuito ya que el término inglés *free* tiene ambos significados. El software libre no significa que sea gratuito, puede serlo o no. Para evitar esta confusión surgió la *Open Source Initiative* (OSI) en 1998 que se centra más en el carácter abierto del código que en la libertad de que este sea modificado y redistribuido libremente. Más allá de algunas diferencias filosóficas entre ambos movimientos que colaboran activamente en multitud de proyectos, lo cierto es que hay casos en los que el software que cumple los requisitos de OSI puede ser más restrictivo que los principios defendidos por FSF y prohibir la modificación de su código fuente.

- **Software semilibre**. Es un tipo de programa informático que autoriza su uso, copia, modificación y redistribución sin fines de lucro. La FSF anteriormente categorizaba este tipo de software al margen del software no libre pero han vuelto a incluirlo en la misma categoría al entender que no cumple los principios de software libre.
- **Software propietario** o **privativo**. Se refiere a cualquier programa informático que no dispone de acceso libre a su código fuente, o que no puede ser modificado por terceros. Además, este software tampoco puede ser copiado o redistribuido libremente.

> **Lectura recomendada**
> Artículo de la FSF sobre categorías de software libre y software que no es libre.
> https://www.gnu.org/philosophy/categories.es.html

1.10.4. Tipos de programas en cuanto a licencias

Es posible hacer una clasificación del software en base a sus licencias según sea la funcionalidad del mismo. A continuación se describen las más habituales.

Aplicaciones de libre uso (*freeware*)

El software de libre uso conocido como *freeware* es un tipo de software gratuito que puede usarse libremente y que suele ser software propietario puesto que no puede modificarse o redistribuirse libremente. Por ejemplo, el lector Adobe Acrobat Reader o el programa de videoconferencias Skype serían ejemplos de software de este tipo.

Aplicaciones de uso temporal (*demoware*)

El *demoware* es un tipo de software que se distribuye gratuitamente y cuya funcionalidad se encuentra limitada hasta que se adquiera la versión comercial de pago del mismo. Existen dos opciones, principalmente:

- ***Crippleware***. En la versión de prueba se encuentran desactivadas las principales funciones del software, por lo que el usuario podrá utilizar solo aquellas características básicas que se encuentran disponibles mientras no abone el precio por la licencia de uso completa.

- *Trialware*. Este tipo de software de demostración permite usar todas sus características sin ningún tipo de restricción en la funcionalidad, pero por un tiempo limitado.

Aplicaciones en desarrollo (beta)

Las empresas de desarrollo de software, antes de lanzar la versión definitiva de un programa, ponen a disposición del público en general diferentes versiones beta del mismo de manera gratuita. Las versiones beta ayudan a la empresa a encontrar y solucionar los posibles errores que pudiera contener el programa, algo primordial para poder lanzar el producto definitivo con la calidad adecuada.

Acuerdos corporativos de uso de aplicaciones

Este tipo de acuerdos se dan entre grandes empresas, entidades públicas, privadas o corporaciones gubernamentales para permitir el uso del software con ciertas ventajas, sobre todo económicas. Por ejemplo, una multinacional, una universidad, un ministerio o una administración pública que tiene un gran número de equipos y que desea usar un tipo de software propietario (como puede ser un sistema operativo, una herramienta ofimática o un software de tratamiento de imágenes) puede llegar a un acuerdo con la empresa propietaria del mismo para obtener ventajas o beneficios en el precio de adquisición de estas licencias.

Licencias mediante código

Este tipo de licencia de software consiste en la introducción de un código de activación al programa para que pueda ser reconocido como software genuino de modo que su funcionalidad completa esté disponible.

Licencias mediante mochilas

Las licencias de software mediante mochilas (*dongle*) tratan de prevenir el pirateo del software y consisten en el empleo de un dispositivo hardware que debe estar conectado al ordenador a través de algún puerto del mismo para que el software funcione adecuadamente.

1.11. Ejercicios

1. Escoja un anuncio de televisión o un anuncio gráfico y describa las técnicas de comunicación no verbal utilizadas.

2. Su empresa está elaborando el Manual de Procedimientos del departamento de soporte técnico y debe encargarse de describir los siguientes procedimientos de incidencias:
   a) El ordenador no se conecta a Internet.
   b) El ordenador se reinicia automáticamente.
   c) El equipo y las aplicaciones funcionan con demasiada lentitud.

3. Elabore una guía de usuario donde explique el funcionamiento de uno de los programas de gestión remota nombrados en este capítulo (TeamViewer, Real VNC o Chrome Remote Desktop). El documento debe contener capturas de pantalla que ayuden al usuario a manejar la aplicación. La guía contendrá información del tipo de licencia con el que se distribuye.

4. Averigüe el precio que se ha de pagar para registrar una patente en España, Europa y en el resto de países del mundo.

5. Indique cuál es el tipo de licencia de software con el que se distribuye, utiliza o vende el siguiente software: Microsoft Windows 10, Mozilla Firefox, Whatsapp, Facebook, Gmail, Ubuntu.

2. Gestión del correo electrónico y de la agenda

Introducción

Este capítulo explica el nacimiento del correo electrónico con los principales hitos históricos y cómo ha evolucionado hasta convertirse en la principal herramienta de comunicación de nuestros días. Por ello, es necesario conocer en detalle las principales aplicaciones de software para la gestión del correo y la agenda electrónica. De todas las posibles se ha elegido Mozilla Thunderbird por ser software libre y una de las aplicaciones más usadas.

Contenido

2.1. Definiciones y términos

El correo electrónico o *email* (*electronic mail*) nació a la par de Internet, desarrollándose conjuntamente. Veamos un poco de historia.

En la década de los 60 del siglo XX, las empresas disponían de un computador central (*mainframe*) al cual los empleados se conectaban mediante terminales "tontos" (sin memoria). La comunicación entre los usuarios de estos terminales no era posible, pero sí se podían almacenar archivos en el *mainframe*, así que la solución era sencilla: subir un archivo con el nombre de la persona destinataria conteniendo el mensaje deseado.

En 1965, en el Instituto Tecnológico de Massachussetts (MIT), se desarrolló el comando *MAIL* que permitía dejar un mensaje a cualquier usuario, incluso enviar el mensaje a más de un usuario a la vez. El comando se implementó en otras plataformas y evolucionó para permitir mensajes instantáneos entre los usuarios. La principal carencia de este sistema era que solo permitía comunicar a los usuarios que se conectaban a un mismo ordenador.

A finales de los 60 del mismo siglo el proyecto ARPANET buscaba interconectar todos los computadores de ARPA, las siglas de *Advanced Research Projects Agency*, una agencia del Departamento de Defensa de los Estados Unidos implementando por primera vez varios protocolos de comunicación en una red de ordenadores, lo que sería el germen del Internet actual.

Lectura recomendada [ENG]

Historia del correo electrónico contada en primera persona por Tom Van Vleck, uno de los creadores del comando MAIL en el MIT.
http://multicians.org/thvv/mail-history.html

En 1971, Ray Tomlinson trabajaba desarrollando la aplicación TENEX, para ello modificó una aplicación ya existente, SNDMSG, utilizada para el envío de mensajes entre usuarios de una misma máquina (al igual que MAIL), de modo que SNDMSG pudiera enviar y recibir mensajes en una red. Para identificar la localización del buzón de un usuario en una máquina de la red utilizó el símbolo @, en inglés *at*, por ejemplo, *maria@computador*, que venía a significar "la usuaria *maría* en la máquina *computador*" (*maria at computador*) donde *computador* sería el nombre de una máquina en la red y *maria* el nombre de una usuaria de dicha máquina.

Lectura recomendada [ENG]

Historia del primer correo electrónico contada en primera persona por Ray Tomlinson, su creador.

https://web.archive.org/web/20060506003539/http://openmap.bbn.com/~tomlinso/ray/firstemailframe.html

Los términos más habituales que están relacionados con el correo electrónico son los siguientes:

- **Servidor de correo electrónico**. Es el software que permite crear la infraestructura necesaria para gestionar multitud de cuentas de correo electrónico y enviar y recibir mensajes desde ellas. Puede referirse tanto al software como a la máquina que almacena dicho software. Los más conocidos son *Microsoft Exchange Server* (Windows), *Sendmail* (GNU/Linux) y *Qmail* (GNU/Linux).
- **Cliente de correo electrónico**. Es un tipo de software que permite gestionar nuestras cuentas de correo electrónico desde el escritorio del PC u otros dispositivos. Los más conocidos son *Outlook Express* (Windows), *Windows Mail Desktop* (Windows) y *Mozilla Thunderbird* (multiplataforma).
- **Adjunto**. Es un archivo que se añade al correo electrónico y se envía junto a este. Puede ser de cualquier tipo (de texto, imagen, comprimido) y su tamaño máximo suele estar limitado por el servidor de correo. Además, es común que determinados formatos, generalmente ejecutables, sean rechazados o renombrados por considerarse un riesgo potencial en la difusión de virus informáticos. La gran mayoría de servidores de correo incorporan software antivirus para el escaneado de los archivos adjuntos.
- **Rebote**. Un rebote o un email rebotado (*bounce email*) consiste en un correo electrónico automático recibido como respuesta a uno enviado indicando que el mensaje no ha podido ser entregado al destinatario. El motivo más habitual es que la dirección de correo electrónico está equivocada o contiene un error, pero también puede ser que la cuenta no exista o que el servidor no se encuentre disponible, entre otros problemas.
- ***Spam***. El *spam* o correo no deseado consiste en la recepción de correos electrónicos no solicitados, normalmente anuncios o engaños, de manera constante y repetida.
- ***Phishing***. Es un tipo de correo electrónico que trata de engañar al usuario para obtener información sensible como credenciales de acceso, cuentas corrientes, datos personales, etc.

- **Filtro**. Permite realizar determinadas acciones en función de una serie de reglas. Hay acciones que se pueden automatizar a través de los filtros, como organizar, bloquear, reenviar, eliminar, autoresponder los correos recibidos en función de su procedencia, características, contenido, etc.
- **SMTP**. *Simple Mail Transfer Protocol*, es el protocolo utilizado para el envío de un correo electrónico entre el cliente y el servidor, o entre dos servidores.
- **POP**. *Post Office Protocol*, su versión actual es la 3 (POP3), permite a un cliente descargar los correos electrónicos del servidor borrándolo de este. Es un protocolo muy simple con apenas funcionalidad y que ahorra mucho espacio en el servidor ya que todo el correo se almacena de manera local. Hoy en día este protocolo tiene bastantes inconvenientes ya que al acceder a nuestras cuentas desde diversos dispositivos tendríamos que borrar el correo de cada uno de los dispositivos descargados y posiblemente no tendríamos todo el correo disponible en todos los dispositivos (una vez lo ha descargado un dispositivo se borra del servidor).
- **IMAP**. *Internet Message Access Protocol* permite a un cliente acceder a los correos electrónicos del servidor e incluye multitud de funcionalidades que no permite POP. Con IMAP es posible sincronizar nuestras cuentas de correo a través de varios dispositivos y mantener los correos en el servidor, lo que permite compartir su estado (si es nuevo, no leído, leído, etc.).

2.2. Funcionamiento

El funcionamiento del correo electrónico es bastante sencillo. Supongamos que *alberto@dominio1.es* quiere enviar un correo a *beatriz@dominio2.com*. Los pasos que se dan para ello son:

1. Alberto redacta el mensaje y lo envía a su servidor de correo mediante el protocolo SMTP.
2. El servidor de correo de Alberto, mediante el protocolo DNS, descubre cuál es el servidor encargado de gestionar el correo electrónico de *dominio2.com*.
3. El servidor de correo de Alberto envía el mensaje al servidor de correo de Beatriz por medio del protocolo SMTP. En este momento el mensaje ya se encuentra en el buzón de correo de la destinataria, Beatriz.

4. Cuando Beatriz consulta su buzón de correo, comprueba que tiene un nuevo mensaje de Alberto y lo descarga con alguno de los protocolos posibles, POP3 o IMAP.

Lectura recomendada

Artículo de la Wikipedia sobre la historia y el funcionamiento del correo electrónico.

https://es.wikipedia.org/wiki/Correo_electr%C3%B3nico

2.3. El formato de un correo electrónico

Podemos distinguir tres elementos en un correo electrónico: el **encabezado**, el **cuerpo** del mensaje y los archivos **adjuntos**. Las siguientes secciones describen cada uno de ellos.

2.3.1. Encabezado

El encabezado de un correo electrónico está compuesto por los siguientes elementos principales:

- **Remitente** (*from*). Es la dirección de correo electrónico de la persona remitente.
- **Destinatario** (*to*). Es la dirección de correo electrónico a quien enviamos el mensaje.
- **Fecha** (*date*). Fecha y hora en la que el mensaje se ha enviado.
- **Asunto** (*subject*). Una descripción breve del contenido u objetivo del mensaje.

Los elementos *from*, *to* y *date* son obligatorios. Además, hay otros elementos en el encabezado que son menos usados como CC o **Copia de Carbón** (*Carbon Copy*) y CCO o **Copia de Carbón Oculta** (BCC – *Blind Carbon Copy*). Estos campos se utilizan cuando queremos enviar una copia del mensaje a otro u otros destinatarios con una diferencia sustancial entre ambos, el campo CC es púbico y puede verse por todos los destinatarios pero no así el campo CCO, es decir, los destinatarios no pueden saber qué direcciones se han añadido en este campo y que también han recibido el mensaje.

Por otro lado, hay otra información almacenada en la cabecera de un correo electrónico que habitualmente no se ve o no se muestra por los clientes de correo. Esta información permite trazar o hacer un seguimiento del mensaje a través de los MTA (*Mail Transfer Agents*), es decir, los equipos por los que ha pasado el mensaje. El siguiente es un ejemplo de cabecera de un mensaje enviado entre dos cuentas de correo de Gmail (algunos elementos se han eliminado para simplificar). Nótese que la información debe leerse de abajo a arriba.

```
Delivered-To: receptor@gmail.com
Received: by 10.176.1.178 with SMTP id 47csp1661117ual;
    Wed, 5 Jul 2017 23:32:09 -0700 (PDT)
X-Received: by 10.55.176.133 with SMTP id
z127mr58945364qke.233.1499322606326;
    Wed, 05 Jul 2017 23:30:06 -0700 (PDT)
Return-Path: <emisor@gmail.com>
Received: from mail-qk0-x232.google.com (mail-qk0-x232.google.com.
[2607:f8b0:400d:c09::232])
    by mx.google.com with ESMTPS id e127si492367qkb.117.2017.07.05.23.30.05
    for <emisor@gmail.com>
    (version=TLS1_2 cipher=ECDHE-RSA-AES128-GCM-SHA256 bits=128/128);
    Wed, 05 Jul 2017 23:30:06 -0700 (PDT)
Received-SPF: pass (google.com: domain of emisor@gmail.com designates
2607:f8b0:400d:c09::232 as permitted sender) client-ip=2607:f8b0:400d:c09::232;
Authentication-Results: mx.google.com;
    dkim=pass header.i=@gmail.com header.b=WCNNYdd7;
    spf=pass (google.com: domain of emisor@gmail.com designates
2607:f8b0:400d:c09::232 as permitted sender) smtp.mailfrom=emisor@gmail.com;
    dmarc=pass (p=NONE sp=NONE dis=NONE) header.from=gmail.com
Received: by mail-qk0-x232.google.com with SMTP id v143so5210084qkb.0
    for <receptor@gmail.com>; Wed, 05 Jul 2017 23:30:05 -0700 (PDT)
X-Received: by 10.55.167.1 with SMTP id q1mr61736609qke.223.1499322605251;
Wed, 05 Jul 2017 23:30:05 -0700 (PDT)
MIME-Version: 1.0
Received: by 10.200.3.73 with HTTP; Wed, 5 Jul 2017 23:30:03 -0700 (PDT)
Received: by 10.200.3.73 with HTTP; Wed, 5 Jul 2017 23:30:03 -0700 (PDT)
From: Jose Luis Berenguel <emisor@gmail.com>
Date: Thu, 6 Jul 2017 08:30:03 +0200
Message-ID: <CABi0tJwh7Ydqr+u59Da9qma0ogWD8kC+kKrzaD6xVb9Sd0jCJw@mail.
gmail.com>
Subject: Asunto del correo
```

Continúa en la página siguiente

```
To: receptor@gmail.com
Content-Type: multipart/mixed; boundary="001a114fdcf44af9940553a03fae"
--001a114fdcf44af9940553a03fae
Content-Type: multipart/alternative; boundary="001a114fdcf44af9890553a03fac"
--001a114fdcf44af9890553a03fac
Content-Type: text/plain; charset="UTF-8"
--001a114fdcf44af9890553a03fac
Content-Type: text/html; charset="UTF-8"
```

Los elementos ***Received*** muestran los servidores MTA por los que ha pasado el mensaje. Uno de los elementos de la cabecera cuyo contenido puede resultar interesante es ***Authentication-Results*** que contiene tres verificaciones:

- DKIM (*DomainKeys Identified Mail*). Es un mecanismo de autenticación del correo electrónico que permite detectar si el dominio del remitente ha sido falsificado.
- SPF (*Sender Policy Framework*). Es un mecanismo que permite definir los servidores de correo autorizados a enviar emails desde ese dominio. Permite luchar contra el *spam* y el *phishing*.
- DMARC (*Domain-based Message Authentication, Reporting & Conformance*). Es un estándar (RFC 7489) que usa los mecanismos SPF y DKIM para proteger a emisores y receptores de emails de *spam*, *phishing* y *spoofing*.

Recurso [ENG]
Página web de DMARC.
https://dmarc.org/

2.3.2. Cuerpo del mensaje

El cuerpo es la parte del email donde se añade la información que queremos transmitir, en su mayor parte texto, pero también imágenes y otro tipo de archivos. Técnicamente, los adjuntos son parte del cuerpo aunque aparezcan como datos separados. Sin embargo, las imágenes sí pueden mostrarse integradas en el texto del mensaje. El estándar SMTP no limita el tamaño del cuerpo, sin embargo la mayoría de servidores de correo lo limitan a valores entre 10 y 25 MB.

En los inicios del correo electrónico, el cuerpo solo podía contener texto plano, hoy día es posible formatear el texto y aplicarle todo tipo de atributos. Para ello, el texto se formatea utilizando etiquetas HTML el cual es interpretado por el software para visualizarlo adecuadamente.

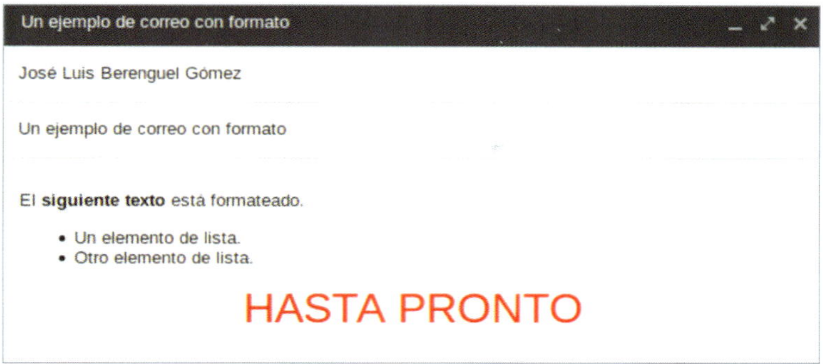

Ilustración 2. Correo electrónico con formato editado en Gmail.

La Ilustración 2 muestra un ejemplo de correo electrónico escrito desde Gmail con el texto formateado aplicando diferentes atributos. Una vez recibido, el mensaje se mostrará con las mismas características. Podemos inspeccionar el texto que realmente se envía en el cuerpo del mensaje abriendo el desplegable que se muestra al pulsar en el triángulo invertido de la ventana de Gmail y seleccionando *Mostrar original* (la forma de hacerlo puede variar en cada gestor de correo). Se puede apreciar cómo Gmail envía el cuerpo del mensaje por duplicado, uno con el texto sin formatear (*Content-Type: text/plain*) y otro formateado con HTML (*Content-Type: text/html*).

```
--f403043eb138beb92e05594ad711
Content-Type: text/plain; charset="UTF-8"
Content-Transfer-Encoding: quoted-printable

El *siguiente texto* est=C3=A1 formateado.

 - Un elemento de lista.
 - Otro elemento de lista.

HASTA PRONTO

--f403043eb138beb92e05594ad711
Content-Type: text/html; charset="UTF-8"
Content-Transfer-Encoding: quoted-printable
```

Continúa en la página siguiente

```
<div dir=3D"ltr"><div><br></div>El <b>siguiente texto</b> est=C3=A1 formate=
ado.<br><ul><li>Un elemento de lista.</li><li>Otro elemento de lista.</li><=
/ul><p style=3D"text-align:center"><span style=3D"color:rgb(255,0,0)"><font=
size=3D"6">HASTA PRONTO</font></span><br></p><div><br><br></div></div>

--f403043eb138beb92e05594ad711--
```

2.3.3. Archivos adjuntos

Como se ha mencionado en la sección anterior, el protocolo SMTP original no soportaba el envío de archivos no textuales. Sin embargo, en los años 80 se desarrollaron algunas herramientas para poder enviar este tipo de archivos a través del correo electrónico.

Nathaniel Borenstein desarrolló el protocolo MIME (*Multipurpose Internet Mail Extension*) y en 1992 fue enviado el primer correo electrónico con archivos adjuntos. El estándar MIME se publicó definitivamente en 1996 (RFC 2045).

Si inspeccionamos un email que contiene un fichero adjunto veremos que este se encuentra codificado en el interior del cuerpo del mensaje utilizando *base64* que convierte datos binarios en texto ASCII. Para descargar el archivo adjunto se hace el proceso inverso de decodificación, convirtiendo el texto en datos binarios.

```
--089e08209f607f104c05594b270f
Content-Type: application/pdf; name="Archivo.pdf"
Content-Disposition: attachment; filename="Archivo.pdf"
Content-Transfer-Encoding: base64
X-Attachment-Id: fj7n4383y0

JVBERi0xLjYNJeLjz9MNCjE4NyAwIG9iag08PC9MaW5lYXJpemVkIDEvTCA0NjU0NjEvTyA
xODkv
RSAx0Tg2MjMvTiA4L1QgNDY0ODYzL0ggWyA1MjQgNDA0XT4+DWVuZG9iag0gICAgICAgICA
gICAg
DQoyMTEgMCBvYmoNPDwvRGVjb2RlUGFybXM8PC9Db2x1bW5zIDUvUHJlZGljdG9yI
DEyPj4vRmls
dGVyL0ZsYXRlRGVjb2RlL0lEWzxFQjQyQjIzNzc2NjI4QTQw0UI3NjE5MzJCMkNCQzNCRD
48QjYz
```

Continúa en la página siguiente

MEJDNEU4NTVFRTIONjIERjY2MUNEMzBFNOEzMzY+XS9JbmRleFsxODcgNDZdLOluZm8gM
Tg2IDAg
Ui9MZW5ndGggMTEzL1ByZXYgNDYOODYOL1Jvb3QgMTg4IDAgUi9TaXplIDIzMy9UeXBIL
1hSZWYv
V1sxIDMgMVO+PnNOcmVhbQOKaN5iYmRgEGBgYmBgngAiGbNAJMNREMk2BSwOFmGxB
bM3gNnZYLY4
mJQBkzPA4g4gkqsVbE4ZiOw/C2bnAUnGVF8QmzOcbH4kiHRTAcvKgkimk2D2RCD5vwuo
F+gqL7BK
Bka6kv8ZmPzeAgQYAFpXEGwNCmVuZHNOcmVhbQ1IbmRvYmoNc3RhcnR4cmVmDQowD
QoIJUVPRgOK
ICAgICAgICAgDQoyMzIgMCBvYmoNPDwvQyAzNjYvRmIsdGVyLOZsYXRIRGVjb2RILOkgMz
g4LOxI
bmdOaCAzMDkvTyAzNTAvUyAyNDY+PnNOcmVhbQOKaN5iYGDgYWBgKmNgYWAQtWIQYk
AAIQZWBjag
[..sigue..]

--089e08209f607f104c05594b270f-

2.4. Correo web

En nuestros días, la forma preferida para enviar un correo electrónico es la web, pero esto no siempre ha sido así. En los inicios del correo electrónico Internet no estaba demasiado extendido, la velocidad a la que funcionaba era bastante limitada y las tarifas se aplicaban por el tiempo de conexión, todo esto debido a que se utilizaban las líneas telefónicas convencionales. Con objeto de superar estos inconvenientes, se utilizaban aplicaciones de escritorio que gestionaban nuestro correo (véase *Sección 2.5. Gestores de correo electrónico*) y permitían sincronizar el envío y recepción de los emails cuando se deseara, así, era común redactar el correo electrónico sin estar conectado a la red para hacerlo posteriormente.

Conforme la *World Wide Web* fue evolucionando, los portales web que ofrecían cuentas de correo electrónico proliferaron, la primera en nacer sería Hotmail (cuyo nombre contiene las siglas HTML) en 1996, vendida en 1997 a Microsoft. Otros servicios históricos fueron Yahoo! Mail, AOL Mail, y en España Terra. En abril de 2004 fue lanzado Gmail, el servicio de correo de Google que inicialmente era utilizado por los trabajadores como herramienta de comunicación interna.

El lanzamiento de Gmail supuso una revolución en el servicio de correo web puesto que ofrecía una capacidad de almacenamiento muy superior a la del resto y una interfaz sencilla, rápida e innovadora en comparación con sus competidores. Además, el acceso a una cuenta de Gmail se hacía a través de invitación, y el número de invitaciones de las que disponían los propietarios de una cuenta estaba muy limitado, lo que hizo que el interés creciera enormemente. Finalmente, en febrero de 2007 se abrió la posibilidad de registrarse libremente y sin invitaciones.

> **Recursos**
>
> Principales portales de correo web de Internet.
>
> Gmail: https://mail.google.com/mail
>
> Outlook: https://outlook.live.com/
>
> Yahoo! Mail: https://mail.yahoo.com/
>
> Zoho: https://www.zoho.eu/mail/
>
> GMX: https://www.gmx.com/mail/

El correo de Gmail

Al acceder a nuestra cuenta de Gmail nos encontramos con una ventana de inicio similar a la que muestra la Ilustración 3.

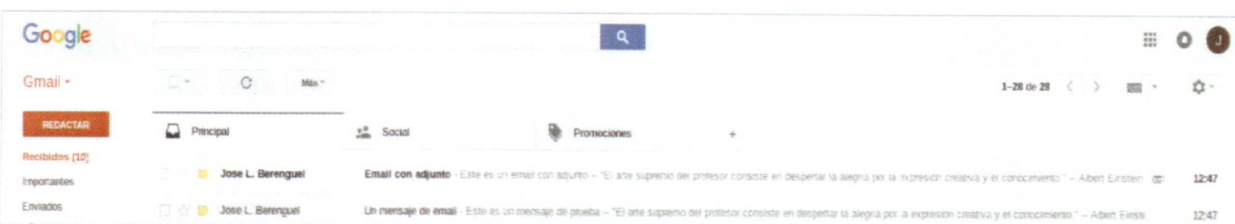

Ilustración 3. Aspecto visual de la pantalla inicial de Gmail.

En ella podemos apreciar diferentes secciones o apartados:

a) En la parte superior, ocupando todo el ancho de la ventana, encontramos un cuadro de texto para realizar búsquedas y encontrar información entre todos los correos electrónicos recibidos. En esta misma sección a la derecha, encontramos tres iconos: un desplegable para acceder a otras aplicaciones de Google (Youtube, Drive, Fotos, Maps, etc.), notificaciones, y el selector de cuentas ya que es posible tener abierta más de una.

b) Justo debajo de la anterior, encontramos los siguientes elementos (de izquierda a derecha):

- Un desplegable que permite acceder a las vistas de Gmail, Contactos y Tareas.

- Tres iconos para realizar acciones con el correo de la bandeja de entrada. Cuando se selecciona algún mensaje cambian y aparecen nuevos iconos.
- El número de correos electrónicos mostrados del total y dos iconos para avanzar en la bandeja de entrada.
- Un icono para seleccionar el método de entrada (se puede configurar para que no aparezca).
- Un icono para seleccionar algunas características de visualización y acceder a la configuración de la cuenta (véase Ilustración 4).

Ilustración 4. Opciones de visualización y configuración de Gmail.

c) A la izquierda tenemos un botón *REDACTAR*, que abre una ventana para completar los datos y enviar un correo electrónico, y justo debajo de este, los enlaces para acceder a la bandeja de correos recibidos, enviados, correos importantes, borradores, *spam*, y el resto de etiquetas que tengamos creadas. El correo electrónico lo podremos clasificar en función de las etiquetas y acceder a él a través de las mismas. Además, debajo e integrado en esta columna se encuentra *Hangouts* (anteriormente Google Talk), la herramienta de mensajería instantánea y videollamadas de Google que utiliza los mismos contactos del correo para poder comunicarnos con estos.

d) Por último, ocupando la mayor parte del espacio de la ventana tenemos la bandeja de entrada, un listado con todos los correos electrónicos recibidos (y que no hemos clasificado).

No es posible describir todos y cada uno de los elementos que podemos encontrarnos en el entorno de Gmail en este manual por lo que animamos al lector a explorar por sí mismo el mayor número de elementos posible para una mejor comprensión de esta aplicación web.

2.5. Gestores de correo electrónico

El software para gestionar correo electrónico permite integrar en una misma aplicación diferentes cuentas de diferentes proveedores. En los orígenes, era el mejor modo de enviar y recibir emails ya que permite trabajar sin conexión, algo fundamental en los primeros años de Internet. Quizás hoy en día ha perdido un poco de glamour entre los usuarios no profesionales pero sigue teniendo muchos adeptos, sobre todo entre aquellos que buscan mejorar su productividad.

Los gestores de correo más conocidos son **Microsoft Outlook**, exclusivo de Windows, que actualmente no dispone de versión gratuita ya que hay que tener una suscripción a Office 365, y **Mozilla Thunderbird**, con licencia GPL y disponible en sistemas Windows, GNU/Linux y Mac. Otros gestores que podemos utilizar son:

- **Nylas Mail**: multiplataforma y con licencia MIT de código fuente abierto.
- **Zimbra**: multiplataforma y *opensource*.
- **eMClient**: Gestor con una versión gratuita y otra de pago solo para Windows.
- **Opera Mail**: Gestor de correo gratuito del conocido navegador, solo disponible para Windows.

Recursos

Mozilla Thunderbird: https://www.mozilla.org/es-ES/thunderbird/

Microsoft Outlook: https://products.office.com/en-us/outlook/email-and-calendar-software-microsoft-outlook

Nylas Mail: https://www.nylas.com/nylas-mail/

Zimbra: https://www.zimbra.com/

eM Client: http://www.emclient.com/

Opera Mail: http://www.opera.com/es/computer/mail

Para las explicaciones de este manual se ha elegido Thunderbird por su carácter libre y multiplataforma, y por la cantidad de complementos de los que dispone que permiten aumentar la funcionalidad de este software. Además, en el *Capítulo 4. Instalación de programas de cifrado de correos* se explicará cómo configurar Thunderbird para enviar y recibir emails cifrados gracias a uno de estos complementos.

Por tanto, procederemos a descargar e instalar Thunderbird en nuestro equipo, si no lo tenemos aún. La última versión en el momento de escribir estas líneas es la 52, y para este manual se ha utilizado la versión de Ubuntu Linux.

2.5.1. Configuración de cuentas de correo.

Al iniciar Thunderbird por primera vez se nos mostrará una ventana para configurar una cuenta de correo electrónico (véase Ilustración 5). Nos pedirá el nombre que queremos que se muestre a las personas que reciben nuestros correos, la dirección de nuestro email y la contraseña.

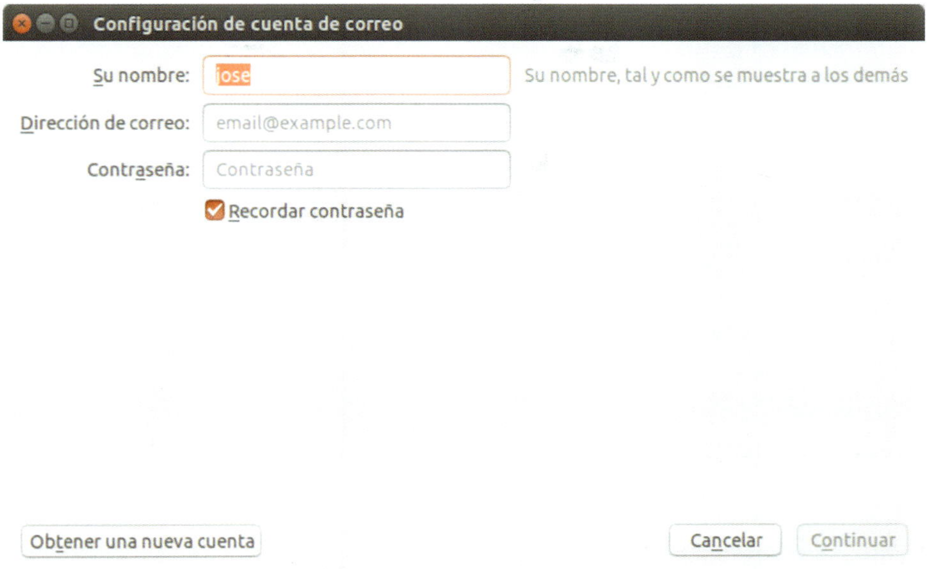

Ilustración 5. Ventana de configuración de una nueva cuenta de correo en Thunderbird.

Thunderbird tiene almacenadas las configuraciones de diferentes proveedores de correo por lo que no será nada difícil añadir nuestra cuenta, por ejemplo de Gmail, aunque también tenemos la opción de hacerlo manualmente. La Ilustración 6 muestra los datos de configuración cargados automáticamente por Thunderbird para una cuenta de Gmail. A través del botón *Config. manual* podemos modificar los datos del servidor de correo entrante y saliente. No hará falta modificar nada, pulsaremos el botón *Hecho* asegurándonos de tener seleccionada la opción *IMAP (carpetas remotas)*.

Tras esto se mostrará una nueva ventana con el inicio de sesión de Gmail donde pulsaremos *Siguiente*. Esto es así por el tipo de autenticación utilizada (*OAuth2*). Una vez comprobada la validez de la contraseña, la ventana de Google nos avisará que Thunderbird va a realizar todo tipo de acciones con nuestra cuenta de correo, debemos *Permitir* para concederle a la aplicación estos permisos. Ya tendremos disponible nuestra cuenta de Gmail para gestionarla a través de Thunderbird.

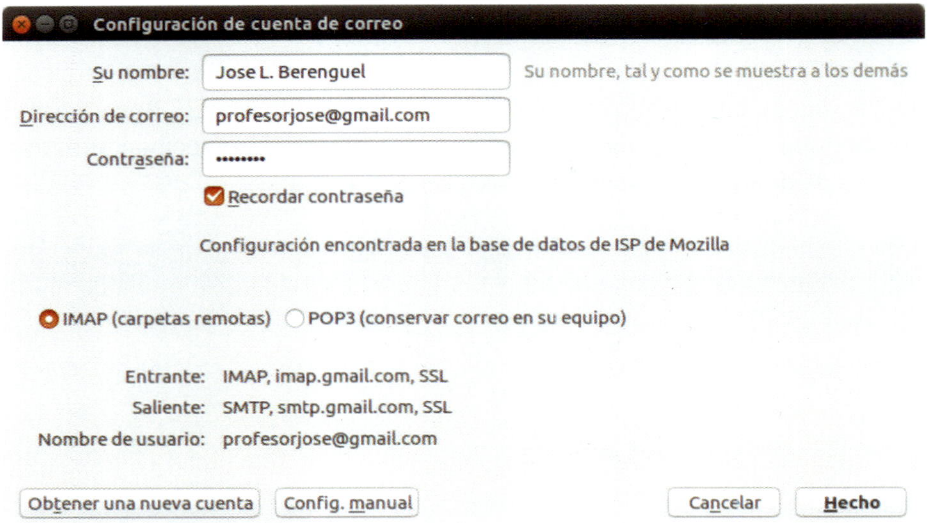

Ilustración 6. Datos de configuración de una cuenta de Gmail en Thunderbird.

Podremos añadir cuantas nuevas cuentas queramos desde el menú *Archivo – Nuevo – Cuenta de correo existente*.

> **Lectura recomendada**
> Artículo de ayuda de Thunderbird y Gmail.
> https://support.mozilla.org/es/kb/thunderbird-y-gmail

2.5.2. Ventanas

Thunderbird, además de gestionar nuestras cuentas de correo, también dispone de otras funcionalidades como la capacidad para añadir cuentas de chat, foros de noticias, canales RSS y agenda entre otras.

El entorno de Thunderbird está dividido en un menú, barra de pestañas, barra de herramientas que se puede configurar al gusto (haciendo clic con el botón derecho del ratón se accede a estas opciones), una columna a la izquierda que muestra a modo de árbol las diferentes cuentas y carpetas, y el cuerpo principal donde se muestra diferente información en función del elemento seleccionado.

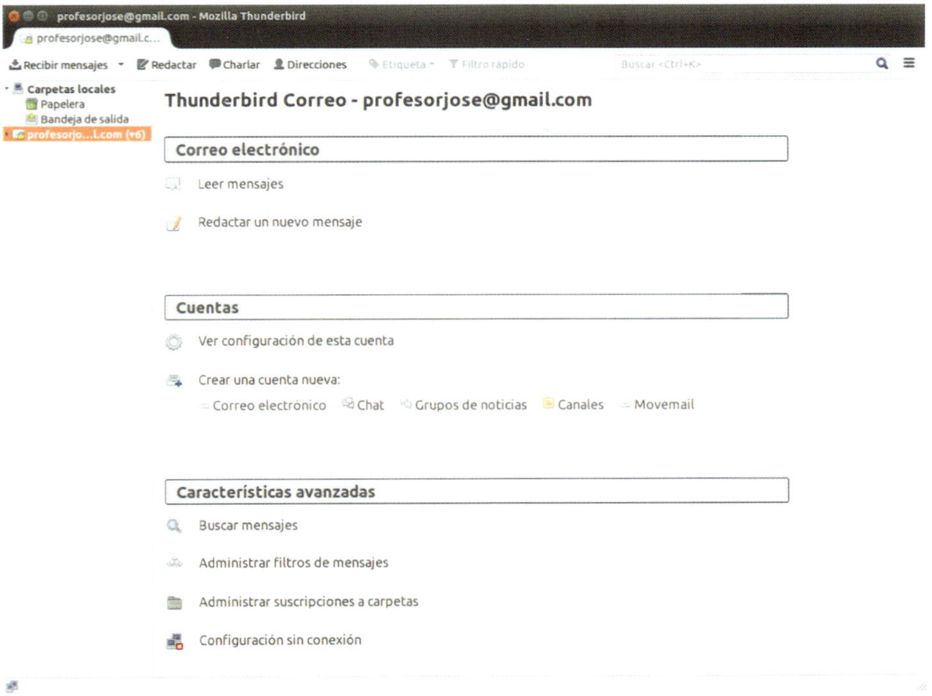

Ilustración 7. Ventana de Thunderbird con una cuenta de correo seleccionada.

En la Ilustración 7 se pueden ver las acciones que ofrece Thunderbird cuando seleccionamos una cuenta de correo en la columna izquierda, por ejemplo, leer o redactar mensajes, ver la configuración de la cuenta, crear una nueva cuenta y algunas opciones avanzadas como la administración de filtros. A lo largo de este capítulo iremos mostrando poco a poco la mayoría de estos elementos.

El elemento de *Carpetas locales* que se encuentra en la columna izquierda es común a todas las cuentas y contiene información almacenada en nuestro disco duro. Por ejemplo, los correos borrados se guardan en la subcarpeta *Papelera* y los correos enviados se guardan en la *bandeja de salida*. Se pueden configurar ciertos aspectos de esta carpeta haciendo clic derecho sobre la misma y pulsando *Configuración*.

A continuación se describen las características más importantes de configuración de Thunderbird.

Preferencias de configuración de Thunderbird

Se accede a las preferencias a través del menú *Editar – Preferencias*. Las preferencias se clasifican en varias categorías (véase Ilustración 8):

- **General**. Contiene opciones de configuración globales como el buscador por defecto o las alertas utilizadas para avisar de nuevos mensajes.
- **Visualización**. Opciones de estilo como el tipo, color y tamaño de fuente, las etiquetas usadas para categorizar mensajes y opciones avanzadas de lectura de mensajes.
- **Redacción**. Aquí se encuentran las preferencias aplicadas para la redacción de mensajes, por ejemplo, la comprobación inteligente si se nos ha olvidado añadir el archivo adjunto, las características del texto, opciones de autocompletado y revisión ortográfica.
- **Chat**. Las opciones de configuración relacionadas con las cuentas de chat.
- **Privacidad**. Gestión de *cookies* y otros elementos de privacidad.
- **Seguridad**. Contiene las opciones relacionadas con la gestión de correo no deseado o fraudulento y el uso de antivirus y contraseñas.
- **Adjuntos**. Configuración de la gestión de archivos adjuntos en el correo entrante (por ejemplo, la carpeta por defecto donde se descargan) y en el correo saliente (por ejemplo usar servicios de almacenamiento externo para enviar archivos de gran tamaño).
- **Avanzado**. Otras opciones de configuración avanzadas como el uso de espacio en disco, conexión a la red, configuración de certificados digitales, etc.

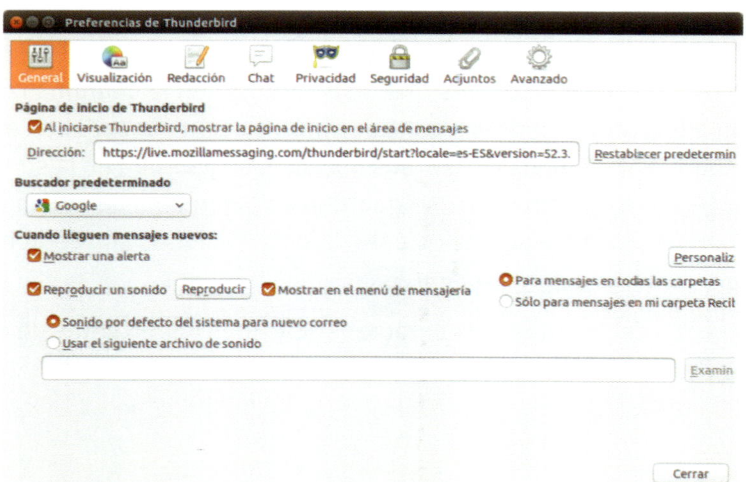

Ilustración 8: Ventana de preferencias de Thunderbird.

Configuración de cuentas de correo

Se accede a través de la opción *Ver configuración de esta cuenta* en el área principal de la aplicación o a través del menú *Editar – Configuración de cuenta*. Las opciones de configuración disponibles para una determinada cuenta de correo pueden verse en la Ilustración 9:

- **Configuración del servidor**. Contiene los datos de conexión a los servidores de correo entrante y saliente y los protocolos empleados. También permite configurar la comprobación de nuevos correos y otras acciones automáticas.
- **Copias y carpetas**. Para configurar las copias de mensajes entrantes y salientes y las carpetas donde se almacenan.
- **Redacción y direcciones**. Preferencias específicas como dónde colocar la firma o en qué libreta de direcciones buscar.
- **Correo no deseado**. Configuración de las acciones a tomar para el correo no deseado o *spam*.

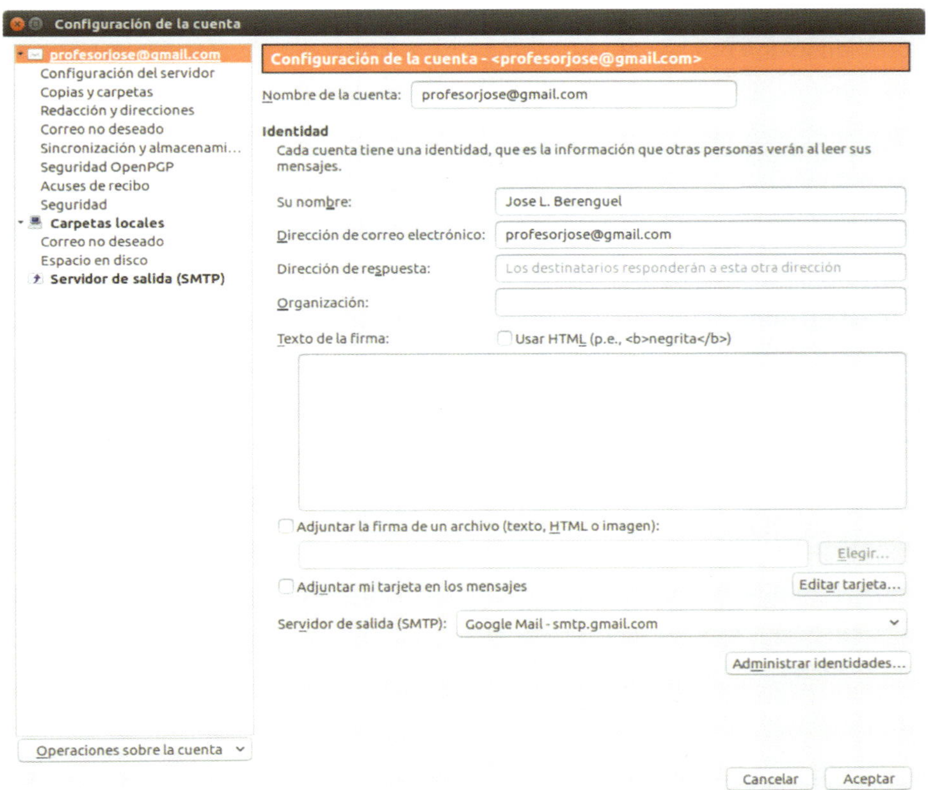

Ilustración 9. Ventana de configuración de cuentas de Thunderbird.

- **Sincronización y almacenamiento**. Opciones sobre cómo almacenar los correos electrónicos descargados en el equipo y durante cuánto tiempo.
- **Seguridad OpenPGP**. Relacionado con las capacidades criptográficas en el envío y recepción de emails. Esta categoría solo se muestra si se tiene instalado el complemento Enigmail, se verá en el *Capítulo 4. Instalación de programas de cifrado de correos*.
- **Acuses de recibo**. Opciones para recibir un acuse de nuestros correos enviados y cómo se manejan estos.
- **Seguridad**. Gestión de certificados y firmas digitales. Igualmente relacionado con el envío de correos cifrados.

2.5.3. Redacción y envío de un mensaje (remitente, destinatario, asunto y cuerpo)

Veremos ahora la operación de redactar un correo electrónico y enviarlo a uno o varios destinatarios. Para ello, en la barra de herramientas de Thunderbird pulsaremos el botón *Redactar* (o en el menú *Archivo – Nuevo – Mensaje*) abriéndose una nueva ventana como la mostrada por la Ilustración 10.

La barra de herramientas dispone de varios botones:

- **Enviar**. Deshabilitado mientras no se complete la dirección del destinatario. Una vez hayamos completado los datos correctamente pulsaremos en él para enviar el mensaje.
- **Ortografía**. Pulsando sobre este botón haremos una revisión ortográfica del texto del mensaje. A través del desplegable seleccionaremos el idioma que usaremos para la revisión.
- **Adjuntar**. Abre el navegador de archivos para seleccionar el o los archivos que queremos adjuntar al mensaje.
- **Seguridad**. Información sobre seguridad del mensaje. No se explicará en este capítulo.
- **Guardar**. Permite guardar el mensaje para enviarlo posteriormente, en borradores o como una plantilla.

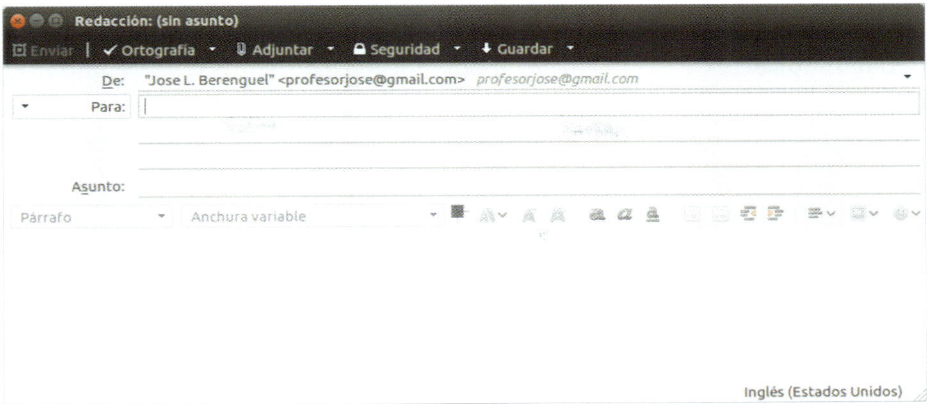

Ilustración 10. Ventana de redacción de mensaje de Thunderbird.

Remitente

Como se puede apreciar la dirección de correo electrónico del remitente, el campo *De*, ya se encuentra completado y si tuviéramos más de una cuenta configurada en Thunderbird, podríamos elegir entre todas ellas pulsando sobre este elemento.

Destinatario (A:, CC:, CCO)

Es necesario completar el campo *Para* con la dirección de correo electrónico del destinatario. Si hacemos clic sobre este campo se desplegará una lista con las opciones *CC*, *BCC* y *Responder-a* (véase *Sección 2.3.1. Encabezado*). Completaremos los campos *Para*, *CC* y *BCC* con direcciones de correo a nuestra elección. Podemos añadir más de una dirección de correo separadas por comas en cada uno de estos campos.

Asunto

El siguiente campo que rellenaremos es el *asunto* del mensaje. Se puede dejar vacío aunque no es recomendable, muchos gestores de correo muestran un aviso cuando no lo completamos. El asunto debe indicar el motivo del mensaje de forma que facilite información suficiente al destinatario para saber de qué se trata.

Texto del mensaje

Redactamos el texto del mensaje, añadiendo los elementos que creamos necesarios. Es posible aplicar formato al mismo cambiando el tipo de fuente, el tamaño, la indentación, etc. También es posible añadir imágenes y emoticonos en el mensaje.

Datos adjuntos

Para añadir archivos adjuntos pulsaremos sobre el botón *Adjuntar* en la barra de herramientas. Navegaremos por el sistema de archivos hasta encontrar los archivos que queremos adjuntar. Podemos realizar esta acción cuantas veces queramos para añadir más de un archivo. También se pueden añadir arrastrando los archivos sobre la ventana de redacción del mensaje.

Una vez adjuntados los archivos, se mostrará el nombre y el tamaño de los mismos en el interior de la ventana de redacción. Para finalizar pulsaremos el botón *Enviar* en la barra de herramientas. La Ilustración 11 muestra un ejemplo de correo electrónico con todos los datos completados.

Ilustración 11. Ejemplo de redacción de un mensaje en Thunderbird.

2.5.4. Lectura del correo

Thunderbird conecta periódicamente con los servidores de correo de nuestras cuentas para comprobar si hay nuevos mensajes. También podemos hacerlo manualmente pulsando sobre el botón *Recibir mensajes* de la barra de herramientas.

Para ver los correos electrónicos iremos a la *Bandeja de entrada*, donde se muestra la lista de mensajes que tenemos en ella como se aprecia en la Ilustración 12. Podemos leer el correo haciendo clic sobre este (mostrándose en la parte inferior de la ventana principal de Thunderbird), o haciendo doble clic para abrirlo en una pestaña nueva.

Ilustración 12. Lista de correos en la bandeja de entrada de Thunderbird.

2.5.5. Respuesta del correo

En la ventana donde se visualiza el mensaje tenemos el botón *Responder* para contestar al remitente. Al hacerlo se abrirá una ventana de redacción de mensaje (véase *Sección 2.5.3. Redacción y envío de un mensaje (remitente, destinatario, asunto y cuerpo)*).

En caso de que el correo esté dirigido a más de un destinatario (hay más de una dirección en el campo *Para*), podemos optar por enviar la respuesta no solo al remitente, sino también al resto de destinatarios del correo. Este método es muy utilizado para establecer conversaciones entre un grupo de personas de modo similar a como funciona un foro. Para hacerlo haremos clic con el botón derecho del ratón en el mensaje y seleccionaremos en la ventana emergente la opción *Responder a todos*.

Otra posibilidad es la de reenviar el correo a otras personas distintas a los destinatarios pulsando sobre el botón *Reenviar*. Esta opción es utilizada cuando nos interesa que terceros que no han recibido este correo conozcan el contenido del mismo.

Se puede apreciar la diferencia entre responder y reenviar un mensaje observando el asunto del mismo, cuando se responde se añade delante del asunto "*Re:*" de respuesta, y cuando se reenvía se añade "*Fwd:*" abreviatura de *forward,* reenvío en inglés.

En cualquier caso, una vez en la ventana de redacción, es posible modificar cualquier campo, por ejemplo para añadir o quitar destinatarios, o modificar el asunto.

2.5.6. Organización de mensajes

Conforme vayamos recibiendo mensajes, nuestra bandeja de entrada se irá llenando haciendo difícil la búsqueda de uno en concreto. Para evitarlo, podemos clasificar los mensajes en carpetas o utilizando etiquetas, en la *Sección 2.6.1. Organización de carpetas* explicaremos como hacerlo.

2.5.7. Filtrado de mensajes

Los filtros de búsqueda son muy utilizados para poder encontrar información entre todo el correo recibido. Otro tipo de filtros que se utilizan para automatizar tareas con el correo entrante se explican en la *Sección 2.6.3. Configuración del correo de entrada*.

Thunderbird dispone del botón *Filtro rápido* en la barra de herramientas que si se encuentra activado muestra una serie de acciones rápidas (podemos probar a marcar y desmarcar el botón):

- ***No leídos***: Muestra solo los correos no leídos de la carpeta en la que nos encontremos.
- ***Con estrella***: Muestra solo los correos marcados como importantes (con el icono de la estrella).
- ***Contacto***: Muestra solo los correos enviados desde direcciones almacenadas en nuestra libreta de direcciones.
- ***Etiquetas***: Muestra solo aquellos correos clasificados con alguna etiqueta.
- ***Adjunto***: Muestra solo los correos que contienen archivos adjuntos.

Estas acciones se pueden combinar, por ejemplo para mostrar solo aquellos correos marcados como importantes y que contienen adjuntos como se muestra en la Ilustración 13.

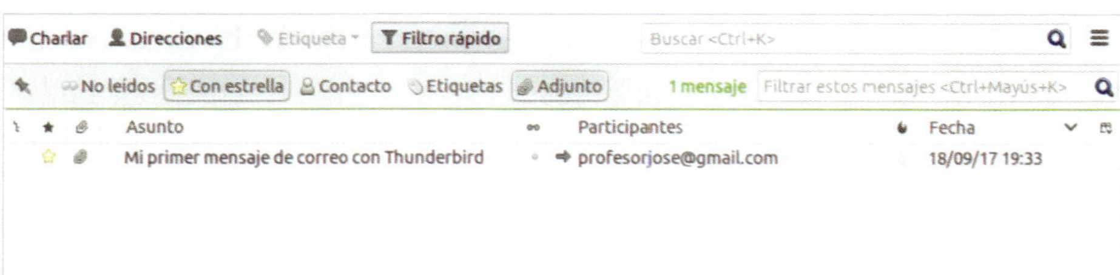

Ilustración 13. Ejemplo de aplicación de filtros para la búsqueda de mensajes.

Además, si este filtrado es insuficiente podemos hacer una búsqueda por palabras entre los mensajes ya filtrados o una búsqueda global en todas las carpetas de nuestra cuenta.

En el caso de aplicar la búsqueda por palabras sobre los mensajes ya filtrados (cuadro de búsqueda inferior), podremos elegir en qué sección del mensaje queremos que se localice: remitente, destinatarios, asunto o cuerpo, pudiendo marcar varias de ellas.

En cuanto a la búsqueda global (cuadro de búsqueda superior), se nos abrirá una ventana nueva donde se clasificarán los mensajes encontrados tanto por gente como por carpeta.

2.5.8. Impresión de correos

Es posible imprimir un correo individual o un conjunto de correos:

- Para imprimir un correo en concreto, en la ventana de visualización del mismo pulsaremos sobre el botón *Más – Imprimir*.
- En el caso de querer imprimir más de un mensaje a la vez tendremos que seleccionarlos desde la bandeja de entrada o el lugar donde se encuentren. Podemos seleccionar de dos modos: pulsando la tecla CTRL y haciendo clic en aquellos mensajes que deseamos seleccionar; o seleccionar un número seguido de correos pulsando la tecla SHIFT y, bien pulsando las teclas del cursor arriba o abajo, bien haciendo clic en el último elemento que queremos seleccionar. Una vez seleccionados haremos clic con el botón derecho y en la ventana emergente seleccionamos *Imprimir*.

2.5.9. Libreta de direcciones.

La libreta de direcciones se accede a través del botón *Direcciones* situado en la barra de herramientas. Veremos toda la gestión de la misma en la *Sección 2.8. Gestión de la libreta de direcciones*.

2.6. Gestión de correo

En esta sección veremos algunas acciones avanzadas sobre los mensajes de correo como la organización en carpetas o la creación de filtros automáticos.

2.6.1. Organización de carpetas

Thunderbird permite organizar el correo de dos formas: mediante carpetas y mediante etiquetas. Veremos cada una de ellas.

Organización de mensajes con etiquetas

La opción para asignar etiquetas a uno o varios mensajes la encontramos en el botón *Etiqueta* de la barra de herramientas. Por defecto, tenemos las etiquetas *Importante*, *Trabajo*, *Personal*, *Por hacer* y *Más tarde*, cada una con un código de color. Una vez aplicada una etiqueta sobre el mensaje, este se mostrará con el color de la etiqueta como muestra la Ilustración 14. También podremos utilizarla para buscar a través del filtrado rápido (véase *Sección 2.5.7. Filtrado de mensajes*).

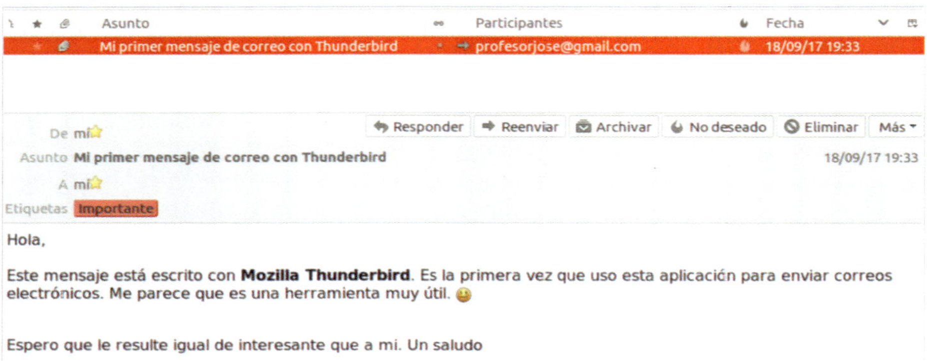

Ilustración 14. Mensaje con la etiqueta *Importante* resaltado con el color rojo.

Podemos crear nuevas etiquetas o modificar el nombre y el color de las etiquetas ya creadas accediendo a la administración de etiquetas desde *Etiqueta – Administrar etiquetas* o desde las preferencias de Thunderbird (véase Ilustración 15).

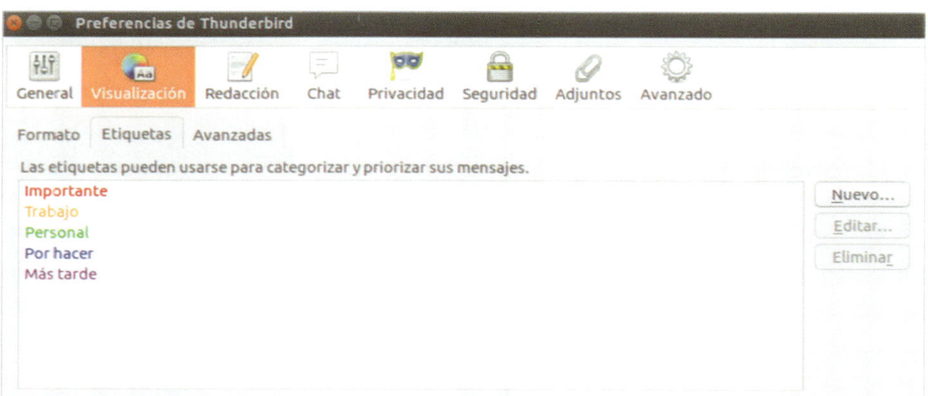

Ilustración 15. Administración de etiquetas en Thunderbird.

Organización de mensajes con carpetas

Además de utilizar etiquetas en los mensajes, podemos archivar estos en carpetas de modo que los mensajes de un mismo tema se guarden en una misma carpeta.

Haciendo clic con el botón derecho del ratón sobre nuestra cuenta accedemos a un menú emergente donde encontramos la opción *Nueva carpeta*. Podemos elegir crear la carpeta como subcarpeta de otra ya creada previamente.

La organización de mensajes en carpetas es similar a cómo creamos las carpetas en nuestro sistema operativo y movemos o copiamos los archivos en el interior de las mismas. Una vez tenemos creada nuestra carpeta, bastará con hacer clic con el botón derecho del ratón sobre el mensaje y seleccionar la opción *Mover a – Cuenta de correo – Carpeta deseada*. En ese momento, el mensaje desaparecerá de la bandeja de entrada (o del lugar de donde se encuentre). También podemos elegir la opción *Copiar a*, para crear una copia del mensaje en la carpeta seleccionada.

Podemos eliminar una carpeta haciendo clic con el botón derecho sobre la misma y la opción *Eliminar*. Se eliminarán todos los mensajes en el interior de la misma.

Es posible marcar carpetas como favoritas, también con el botón derecho del ratón y la opción *Carpeta favorita*. Podemos mostrar solo las carpetas marcadas como favoritas desde el menú *Archivo – Carpetas – Favoritas*.

Existen numerosas opciones y acciones que se pueden hacer con respecto a la organización de mensajes en carpetas, animamos al lector a explorarlas a través de la interfaz y la ayuda de Thunderbird.

2.6.2. Importar, exportar y borrar mensajes antiguos guardando copias de seguridad

Es posible exportar mensajes de Thunderbird en ficheros de texto con extensión *.eml*. Para ello, seleccionando el mensaje o los mensajes que deseamos exportar, haremos clic con el botón derecho del ratón y elegiremos la opción *Guardar como*. La desventaja de este método es que Thunderbird crea un fichero *.eml* individual por cada mensaje, lo que puede ser un poco tedioso.

El mejor modo para importar y exportar correo es a través de la extensión *ImportExportTools* puesto que ofrece una funcionalidad más avanzada de la que dispone Thunderbird. Descargaremos la última versión (archivo *.xpi*) de la página web de la misma.

Recurso [ENG]

Web de la extensión ImportExportTools para Thunderbird
https://freeshell.de/ffkaosmos/importexporttools-en.html

Para instalarla abriremos el menú *Herramientas – Complementos – Extensiones* y sobre el desplegable seleccionaremos *Instalar complemento desde archivo*. Es necesario reiniciar Thunderbird para cargar el complemento. En el menú *Herramientas* se habrá creado la entrada *ImportExportTools*. En las preferencias de la misma se pueden configurar multitud de opciones por defecto, como el formato de exportación, los nombres de los archivos e incluso programar la creación de copias automáticas periódicas.

Podemos exportar:

- **Carpetas completas**: seleccionándolas, haciendo clic derecho y la opción *ImportExportTools – Exportar carpeta*. Hay varias opciones y formatos de exportación disponibles.
- **Mensajes**: seleccionándolos, haciendo clic derecho y la opción *Guardar los mensajes seleccionados*. Ahora tendremos muchas más opciones disponibles para el formato de exportación.

Podemos importar aquellas carpetas y mensajes que hayamos exportado en formatos *.eml* y *.mbox* pero no podremos hacerlo en las cuentas con sincronización IMAP, ya que no es posible subir estos datos al servidor. Por tanto, no podremos importar una carpeta o un mensaje a nuestra cuenta de Gmail configurada en Thunderbird, tendremos que hacerlo dentro de las *Carpetas locales*.

Si deseamos guardar una copia de seguridad de nuestra cuenta de correo, es posible hacerlo exportando el mensaje o las carpetas antes de borrarlas. Además, esta extensión permite realizar una copia de seguridad automática y periódica de todos nuestros mensajes.

2.6.3. Configuración del correo de entrada

Es posible organizar automáticamente el correo entrante utilizando filtros en Thunderbird lo que permite mover mensajes a carpetas, eliminar mensajes o reenviarlos a otras direcciones entre otras muchas acciones.

Para acceder a la gestión de reglas de filtrado iremos al menú *Herramientas – Filtros de mensajes* (véase Ilustración 16), en esta ventana se mostrarán los filtros que tenemos creados. Los filtros automáticos solo se pueden aplicar sobre el correo entrante (con excepción de los filtros de archivar contenido y los que se aplican tras enviar mensajes), si bien es posible aplicar manualmente los filtros sobre una carpeta con la opción *Herramientas – Ejecutar filtros en la carpeta*.

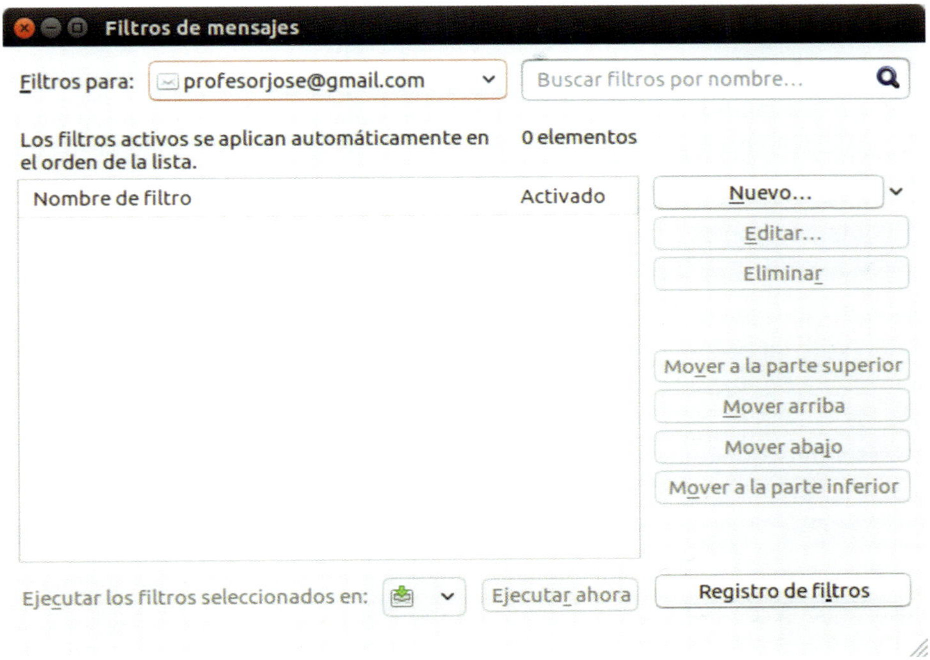

Ilustración 16. Ventana de gestión de filtros de mensajes.

Creamos un nuevo filtro pulsando el botón *Nuevo* abriéndose la ventana para configurar las reglas del filtro como muestra la Ilustración 17. Añadiremos el nombre del filtro y elegiremos cuándo se activará el filtro seleccionando las casillas de verificación (una o varias):

- ***Se ejecute manualmente***: se aplicaría cuando ejecutamos manualmente los filtros.
- ***Al recuperar el correo nuevo***: el filtro se aplicaría cuando se recibe el correo en la bandeja de entrada, en este caso podemos seleccionar ejecutar el filtro antes de hacer la identificación de correo basura o después.
- ***Archivado***: se ejecuta con la acción de archivar mensajes.
- ***Tras enviar***: se ejecuta tras la acción de enviar un mensaje.

A continuación nos encontramos la sección de **reglas del filtro**, es decir, las condiciones que debe cumplir el mensaje para que el filtro se aplique. Cada regla está dividida en tres secciones: propiedades, condición y valor. Para el cumplimiento del filtro se puede elegir entre tres opciones, que el mensaje cumpla todas las reglas definidas, alguna de ellas o que se aplique a todos los mensajes (no es necesario definir ninguna regla).

En la primera sección de la regla del filtro elegiremos la propiedad del mensaje (*asunto*, *remitente*, *destinatario*, etc.), en la segunda sección elegiremos la condición (*contiene*, *no contiene*, *es*, *no es*, *comienza por*...), y en la tercera sección introduciremos el texto que estamos comprobando. Por ejemplo, podemos crear una regla para filtrar aquellos mensajes que en su asunto contengan la palabra "*urgente*".

El siguiente paso es decidir qué hacer con aquellos mensajes que han cumplido el o los filtros aplicados, eso se configura en las **reglas de acción**. Entre las acciones que se pueden realizar están mover o copiar los mensajes a una carpeta, reenviar los mensajes, etiquetarlos, reenviarlos, añadirles una estrella, etc. Por ejemplo, podemos crear un filtro para añadir la etiqueta *trabajo* a todos los mensajes que provengan del dominio de nuestra empresa. Se propone al lector para que realice este ejercicio.

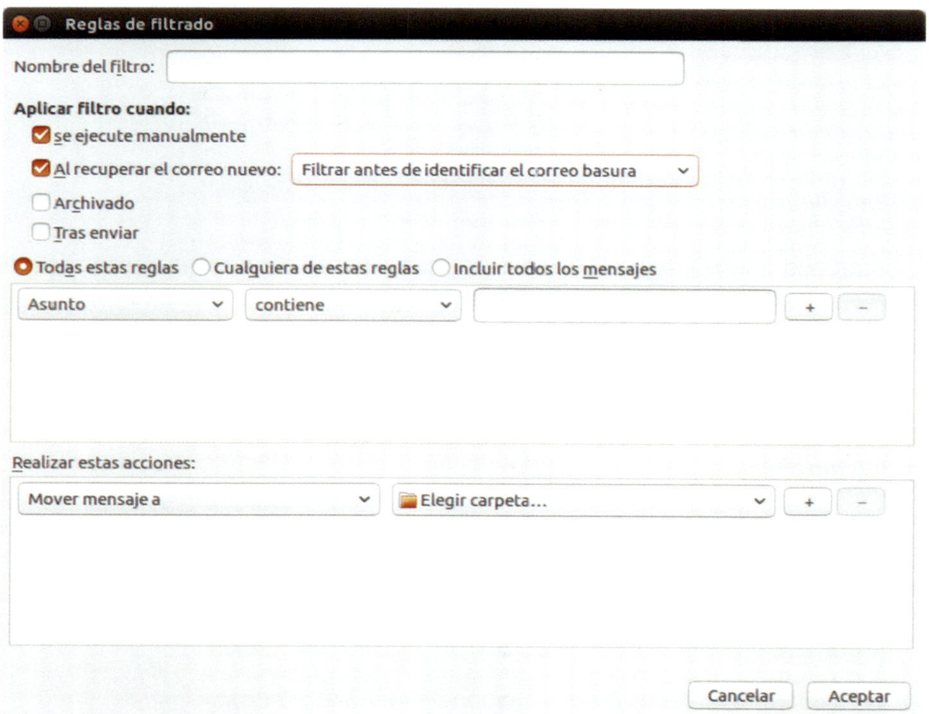

Ilustración 17. Ventana de selección de reglas para un filtro nuevo.

2.6.4. Protección de correos no deseados "*spam*"

El correo no deseado o *spam* es aquel que recibimos sin haberlo solicitado. Además de ser enormemente molesto, es un mecanismo de propagación de virus.

Thunderbird dispone de un filtro adaptativo de identificación del correo no deseado que aprende conforme se le entrena. Para ello, es necesario indicar qué mensajes son correo no deseado haciendo clic derecho sobre él y eligiendo la opción *Marcar – Como correo no deseado*. La opción por defecto es moverlo a la carpeta de correo no deseado de la cuenta, pero podemos modificar este comportamiento en el menú *Preferencias – Seguridad – Correo no deseado*.

Cuando Thunderbird sospeche que ha recibido un correo basura se lo hará saber para que lo confirme o indique que está en un error (véase Ilustración 18). Cuanta más información por nuestra parte reciba este filtro mejor funcionará.

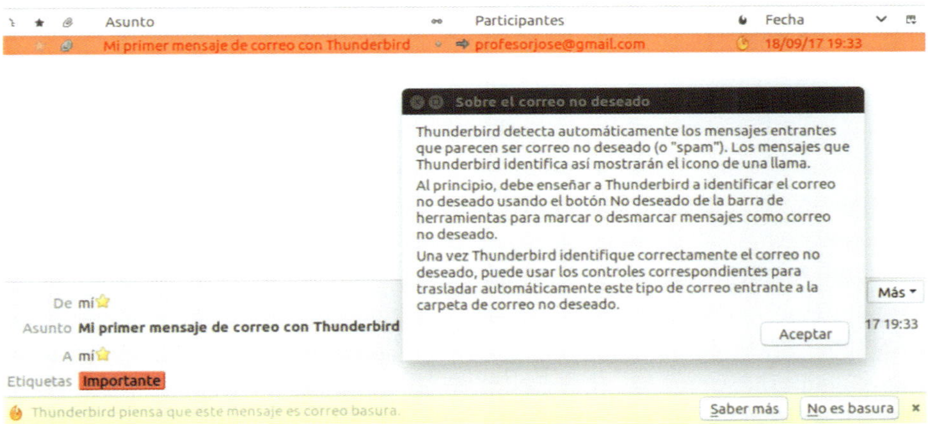

Ilustración 18. Mensaje de Thunderbird advirtiendo de correo basura y cómo entrenar su filtro.

2.7. Plantillas y firmas corporativas

Las plantillas permiten guardar mensajes predefinidos que enviamos frecuentemente para no tener que redactarlos constantemente y así ahorrar tiempo. Para crear un mensaje como plantilla, en la ventana de redacción del mensaje una vez hemos completado los datos del mismo, pulsaremos el desplegable del botón *Guardar* y seleccionaremos *Plantilla*. El mensaje se habrá guardado en una carpeta llamada *Plantillas* junto a la bandeja de entrada (véase Ilustración 19). Cuando vayamos a este mensaje y hagamos doble clic sobre él se abrirá la ventana de redacción para cambiar lo que deseemos o completemos los datos antes de enviarlo.

Ilustración 19. Carpeta donde se almacenan las plantillas.

Otro elemento predefinido que podemos añadir a todos nuestros mensajes es la firma. Lo habitual es incluir información corporativa, de contacto o de cualquier otro tipo. La firma se edita en la ventana de configuración de la cuenta, una vez añadida se agregará en cada nuevo mensaje como se muestra en la Ilustración 20. Es posible configurar el lugar de la firma y otros valores en el elemento *Redacción y direcciones* de las opciones de configuración de la cuenta.

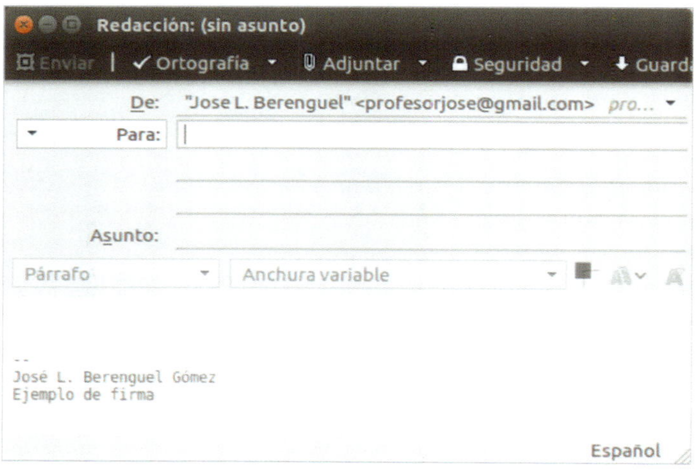

Ilustración 20. Mensaje con firma corporativa.

2.8. Gestión de la libreta de direcciones

Un elemento a tener presente cuando agregamos una cuenta de correo en Thunderbird es que se sincronizan todos los mensajes pero no la lista de contactos que tuviéramos creada en el servidor. Esto quiere decir que cuando creamos un contacto nuevo en Thunderbird, este no estará disponible en nuestra cuenta de Gmail, y viceversa. Para solucionarlo deberemos importar/exportar los contactos de un sitio a otro como se explicará en las siguientes secciones. También existen algunos complementos o extensiones de Thunderbird que ofrecen esta funcionalidad como por ejemplo *gContactSync*.

> **Recurso [ENG]**
> Web de la extensión gContactSync para sincronizar contactos entre Google y Thunderbird.
> https://addons.mozilla.org/es/thunderbird/addon/gcontactsync/

Accedemos a la libreta de direcciones a través del botón *Direcciones* en la barra de herramientas o en el menú *Herramientas – Libreta de direcciones*. Por defecto existen dos libretas de direcciones, la *Libreta de direcciones personal* y las *Direcciones recopiladas*. Esta última almacena aquellas direcciones de correo electrónico que se han utilizado en el campo *para* de los correos enviados y que no estaban previamente en nuestra libreta personal. Este comportamiento se puede modificar en *Preferencias – Redacción – Destinatario*. Además, es posible crear más libretas de direcciones desde el menú *Archivo – Nuevo – Libreta de direcciones*.

2.8.1. Añadir contactos

Podemos crear nuevos contactos desde el botón *Nuevo contacto* en la barra de herramientas o desde el menú *Archivo – Nuevo – Contacto de la libreta de direcciones*. El contacto se añadirá a la libreta de direcciones que tengamos seleccionada en ese momento (se puede modificar en la ventana de edición del contacto en el momento de crearlo). Una vez creado, es posible cambiar la libreta en la que se encuentra un contacto arrastrando y soltando sobre la misma.

Los datos de un contacto se pueden editar haciendo clic con el botón derecho del ratón y seleccionando *Editar contacto*, o desde el botón *Editar* en la barra de herramientas (no es posible editar más de un contacto a la vez).

2.8.2. Importar

Para poder importar contactos en Thunderbird tenemos que haber obtenido previamente los datos de esos contactos de algún sitio. Asumiremos que vamos a obtenerlos de una cuenta de Gmail, pero también puede ser que nos los hayan enviado o facilitado por algún medio.

Por tanto, lo primero que tendremos que hacer será exportar los datos de contactos desde nuestra cuenta Gmail (o cualquier otra). Podemos exportar los contactos seleccionados, los de un grupo o todos los contados que tenemos y elegir entre tres tipos de formatos: CSV de Google, CSV de Outlook y vCard. El más apropiado para luego importarlos en Thunderbird es vCard. Una vez hemos aceptado se nos descargará un archivo con extensión *.vcf*.

Para importar contactos en Thunderbird iremos al menú *Herramientas – Importar* y como tipo de dato a importar seleccionaremos *Libretas de direcciones*. Pulsamos *Siguiente* y se muestra el tipo de archivo que queremos importar, elegiremos *Archivo vCard*. Buscamos el archivo descargado y finalizamos el proceso de importación. Los contactos se habrán agregado a una nueva libreta de direcciones.

2.8.3. Exportar

Para exportar los contactos de Thunderbird procedemos de manera similar desde el menú *Herramientas – Exportar*.

No es posible exportar uno o varios contactos de manera individual sino que se exporta la libreta de direcciones completa. Si quisiéramos hacer esto, tendríamos que crear una libreta nueva moviendo a esta el o los contactos que queremos exportar.

2.8.4. Crear listas de distribución

Una **lista de distribución** está formada por un grupo de contactos y su objetivo es facilitar el envío de mensajes a todos ellos. Los grupos de Google o ***Google Groups*** son un ejemplo de lista de distribución.

Recurso

Web de Google Groups.
https://groups.google.com

En el caso de Thunderbird, podemos crear **listas de correo**, aunque no es exactamente igual que una lista de distribución. Las diferencias principales son:

- Una **lista de distribución** tiene asociada una dirección de correo electrónico, por ejemplo *milista@googlegroups.com,* y cualquiera que tenga permiso (puede ser todo el mundo o solo los miembros de dicho grupo) puede enviar un correo a esta dirección, lo que en la práctica sería enviar un correo a todos los componentes de dicha lista. Además, las listas de distribución tienen la figura de un administrador para dar de alta y baja a los integrantes de la misma.

- Una **lista de correo** consiste en un conjunto de direcciones de email que sirve como atajo para el envío de un correo a un grupo de contactos. Cuando escribimos en el campo de los destinatarios el nombre de la lista de correo, la aplicación lo sustituirá por todos los emails que conforman la lista. Las listas son propias de cada cuenta de correo por lo que no es posible compartirlas con otros contactos ni tampoco tienen una dirección propia.

Crear una lista de distribución en Google Groups es muy sencillo, simplemente pulsaremos el botón crear en la web y completaremos la información del grupo, eligiendo la dirección *@googlegroups.com* y otros datos de configuración. Se propone al lector que haga este ejercicio.

Para crear una lista de correo en Thunderbird, en la barra de herramientas de la ventana de la libreta de direcciones pulsaremos sobre el botón *Nueva lista*, introduciremos el nombre de la lista y las direcciones de correo electrónico de las personas que integrarán nuestra lista.

2.8.5. Poner la lista a disposición de otras aplicaciones ofimáticas

Compartir la lista de contactos puede ser muy útil por ejemplo para el envío de material publicitario personalizado con nombres y apellidos en documentos mediante el procedimiento de **combinar correspondencia** o ***mail merge***.

Existen muchos métodos para compartir una libreta de direcciones según la aplicación ofimática. En esta sección se explicará cómo compartir la libreta de direcciones de Thunderbird en LibreOffice Writer (puede configurarse para que esté disponible en cualquier aplicación de LibreOffice). En Writer abrimos el elemento de menú *Herramientas – Origen de libreta de direcciones*. En la ventana, pulsamos el botón *Origen de datos de direcciones* y seleccionamos el tipo *Thunderbird/Icedove* y pulsamos *Siguiente*. La Ilustración 21 muestra las diferentes libretas de direcciones que podemos importar desde Thunderbird: *AddressBook* es la libreta de direcciones personal, *CollectedAddressBook* es la libreta de direcciones recopiladas (véase Sección 2.8. Gestión de la libreta de direcciones) y *amigos* es una lista de correo creada en la libreta de direcciones. Seleccionamos la que queremos añadir y pulsamos *Siguiente*.

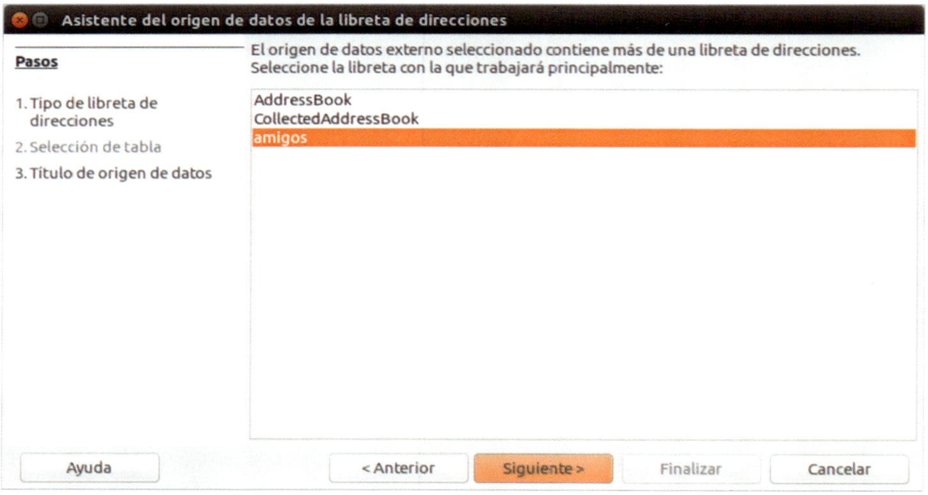

Ilustración 21. Asistente de Writer para agregar un origen de datos para la libreta de direcciones.

El último paso consiste en completar el nombre para agregar el origen de datos de la libreta. Una vez finalizado el proceso concluiremos en la ventana inicial configurando la asignación de los campos de la libreta, tras hacer las modificaciones necesarias y aceptar habremos concluido el proceso.

2.9. Gestión de la agenda

A partir de la versión 38 de Thunderbird viene integrado el complemento *Lightning* para la gestión de la agenda. Si no estuviera instalado en la versión que hemos descargado, podemos hacerlo desde el administrador de complementos.

La funcionalidad del calendario aparece en un panel situado en la columna derecha que podemos ocultar haciendo clic en *Panel para hoy* situado en la barra de estado (parte inferior de la interfaz) o en la *x* situada en la parte superior derecha de este panel. Justo encima tenemos dos botones para abrir la vista de calendario y la vista de tareas que se muestran en pestañas individuales.

La configuración de las características globales de *Lightning* se puede modificar desde *Herramientas – Preferencias – Calendario*.

2.9.1. Calendario

Podemos tener más de un calendario de modo que organicemos mejor nuestras tareas y citas. Por ejemplo, podemos tener un calendario personal, uno para el trabajo, uno para fechas señaladas (cumpleaños, aniversarios...) un calendario de vacaciones y así.

> **Lectura recomendada**
> Agregar un calendario de vacaciones en Thunderbird.
> https://support.mozilla.org/es/kb/agregar-un-calendario-de-vacaciones

Por defecto, Thunderbird tiene un calendario local llamado *Casa*, podemos cambiar el nombre y el color asignado haciendo clic derecho sobre él y *Propiedades*.

Para crear nuevos calendarios, desde la vista de calendario haremos clic derecho sobre la lista de calendarios y *Nuevo calendario* o desde el menú de Thunderbird *Archivo – Nuevo – Calendario*. El calendario puede ser local (en mi ordenador) o en red. Crear un calendario local no tiene más complicación, simplemente elegir el nombre, un color y la cuenta de correo asociada. Para crear un calendario en red debemos elegir el tipo de formato del mismo y la ruta de acceso a este.

Es posible sincronizar el calendario de nuestra cuenta de Google de dos formas, bien en modo solo lectura, por lo que necesitaremos la ruta ICS del calendario, o bien en modo lectura y escritura, para lo que es necesario instalar el complemento *Provider for Google Calendar*. Como ejercicio, se propone agregar un calendario de Google en estos dos modos.

> **Lectura recomendada**
> Utilizar Lightning con Google Calendar.
> https://support.mozilla.org/es/kb/utilizar-lightning-con-google-calendar

2.9.2. Citas

Las citas (eventos en Thunderbird) se crean a través del botón *Evento* en la barra de herramientas. Introducimos el título, el lugar, una o varias categorías para el evento (se pueden crear nuevas) y elegimos el calendario en el que se añade. Posteriormente seleccionamos las fechas en las que tendrá lugar, puede ser un evento a días completos o en una franja horaria (véase Ilustración 22).

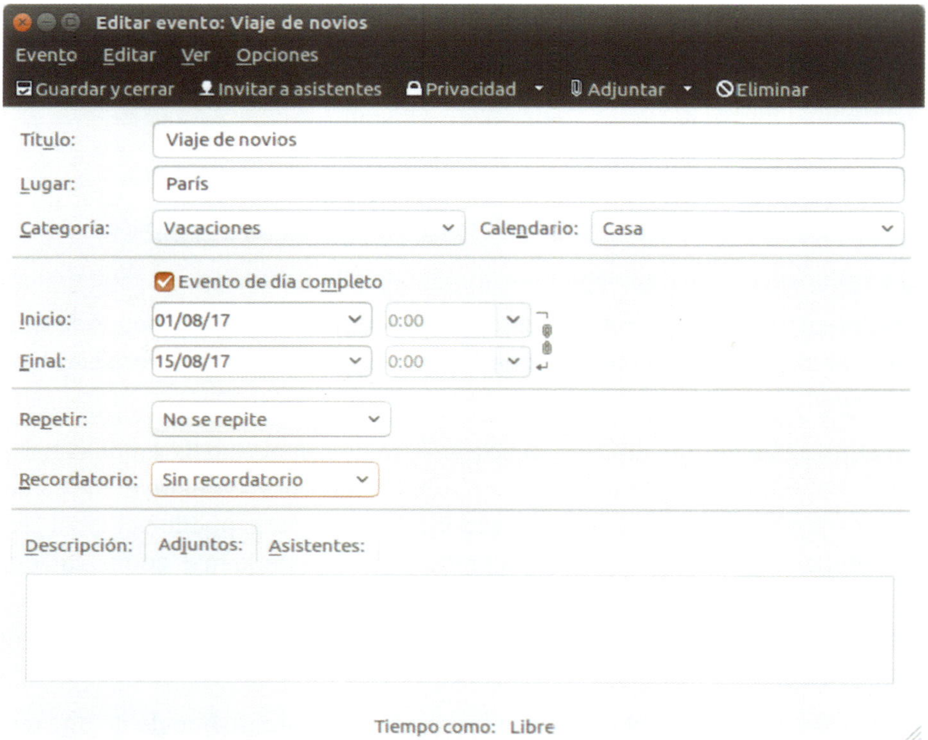

Ilustración 22: Nuevo evento en Lightning de Thunderbird.

Se pueden configurar muchos más elementos, como adjuntar algún fichero, la privacidad del evento, si este evento se repite en el tiempo periódicamente, etc. Algunos de estos elementos se abordan en las siguientes secciones pero no es posible entrar en detalle en todos y cada uno de ellos.

2.9.3. Avisos y notas

Para cada evento que creemos podemos configurar un aviso o recordatorio que nos avisará con la antelación deseada, por ejemplo, semanas, días, horas antes de que ocurra.

Thunderbird tiene una lista de recordatorios predefinidos que van desde 0 a 30 minutos antes, 1 a 12 horas antes y 1 día, 2 días y 1 semana antes de que el evento comience. Pero también es posible personalizar el recordatorio configurándolo a nuestro gusto, añadiendo cuantos avisos queramos con la antelación deseada como muestra la Ilustración 23. La única acción posible que se puede elegir es la de mostrar una alerta con un sonido que podemos cambiar desde las preferencias.

En cuanto a las notas, Thunderbird no tiene ningún elemento individual para crear notas, pero sí podemos añadir observaciones o comentarios en los eventos. También es posible agregar notas a mensajes de correo por medio de extensiones como ***XNote++***.

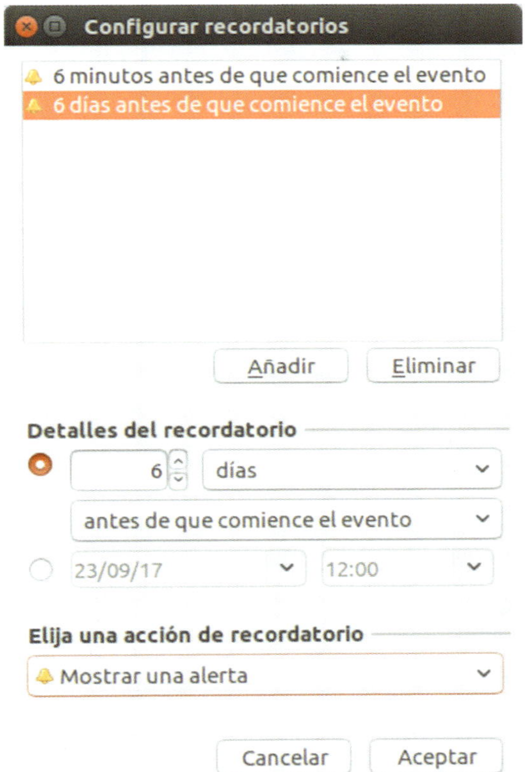

Ilustración 23: Recordatorio personalizado.

2.9.4. Tareas

Las tareas se gestionan desde la vista de tareas. En la barra de herramientas, con el botón *Tarea* se abre la ventana de creación de tareas nuevas. Es muy similar a la creación de eventos, el único elemento diferenciador es que puede determinarse el estado en el que se encuentra (*en progreso*, *completado*, *cancelado*, etc.). También es posible desde el menú *Opciones – Prioridad* establecer la prioridad de la tarea (*baja*, *normal* o *alta*).

La vista de tareas permite modificar el estado de la tarea, su prioridad, etc., ordenarlas por algún elemento como la prioridad, mostrar solo aquellas tareas vencidas, completadas, tareas para hoy y muchas más.

2.9.5. Organizar reuniones y disponibilidad del asistente

Otra característica interesante es la capacidad para organizar reuniones e invitar a asistentes a las mismas, pudiendo además conocer la disponibilidad de estos para asistir.

En la barra de herramientas de la ventana de creación de un evento pulsamos el botón *Invitar a asistentes*. Se abre una ventana como la mostrada en la Ilustración 24, en la columna izquierda añadimos los nombres de las personas que deseamos invitar, los datos están asociados con nuestra libreta de direcciones por lo que nos mostrará las sugerencias conforme vayamos escribiendo. Pulsando sobre los iconos que hay a la izquierda del nombre podemos cambiar las características de los mismos según se muestra en la leyenda.

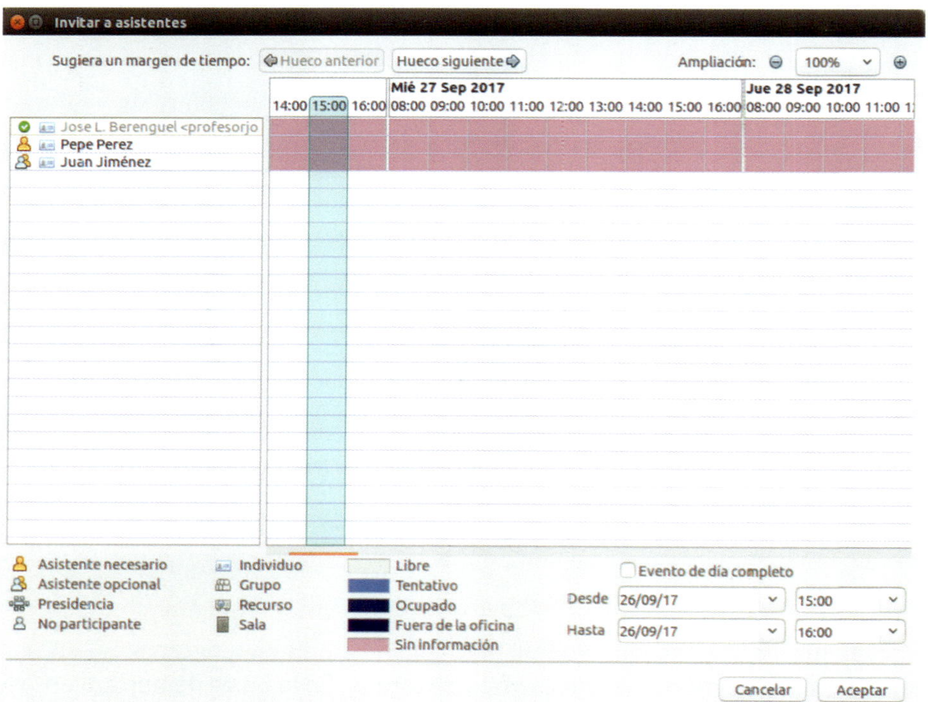

Ilustración 24. Ventana para invitar a asistentes a la convocatoria de una reunión.

Una vez hemos terminado de concretar la fecha y hora del evento pulsamos *Aceptar*. Volvemos a la ventana de edición del evento, ahora en la parte inferior, en la pestaña *Asistentes* (véase Ilustración 25) veremos los asistentes invitados al evento. Comprobaremos que el cuadro de *Notificar a asistentes* está marcado y finalizamos la creación del evento.

Ilustración 25. Pestaña que muestra la lista de asistentes invitados al evento.

En ese momento, Thunderbird nos preguntará si queremos enviar una notificación a los asistentes, confirmaremos y el evento se habrá añadido al calendario. Todos los asistentes recibirán un correo electrónico con un formato estándar que les permite indicar su disponibilidad para asistir al mismo, en la Ilustración 26 se puede ver un ejemplo de esto. Solo en el caso de que el evento se haya creado en un calendario en red, será posible usar la funcionalidad para comprobar la disponibilidad de los asistentes.

Ilustración 26. Invitación para asistir a un evento recibida en el correo electrónico.

2.10. Componentes fundamentales de una aplicación de gestión de correos y agendas electrónicas

A lo largo del capítulo hemos visto algunas extensiones que ofrecen mejoras notables y nuevas capacidades a la funcionalidad de Mozilla Thunderbird. Hay muchas más y su uso dependerá de las necesidades de cada uno:

- ***Stationery***. Emula una funcionalidad similar que hay presente en Outlook Express. Permite usar ficheros HTML como plantillas para nuestros mensajes.
- ***Signature Switch***. En función de a quién enviemos un correo, puede resultar necesario modificar la firma de nuestro correo. Con esta extensión podemos cambiarla de entre un conjunto de firmas que hemos definido.
- ***Enigmail***. Permite enviar y recibir correos cifrados, lo explicaremos en detalle en el Capítulo 4.

- ***gContactSync***. Permite mantener sincronizados los contactos entre Gmail y Thunderbird.
- ***XNote++***. Posibilita añadir notas a los mensajes de correo.
- ***QuickFolders***. En caso de tener muchas carpetas en nuestra cuenta, con esta extensión mejoraremos nuestra productividad.
- ***Quicktext***. Es una extensión que permite crear plantillas de texto para añadirlas en los emails.
- ***Contact Tabs***. Añade una barra dedicada para los contactos en la ventana principal de Thunderbird, lo que permite agilizar muchas acciones como la creación de contactos.
- ***Mail Merge***. Muy útil cuando se necesita enviar un mismo correo a un número grande de personas y es necesario almacenar los mensajes individuales en la carpeta de mensajes enviados. Utilizar el campo CCO (BCC) no sería posible puesto que el mensaje enviado a estos destinatarios no se almacena.
- ***Send Later***. A diferencia de la funcionalidad que ofrece Thunderbird para el envío programado de mensajes, esta extensión sí que realiza el envío automático de mensajes.
- ***Personas Plus*** o ***lightweight themes***. Es una extensión que permite modificar el aspecto visual de Thunderbird a través de temas o *skins*.

2.11. Foros de noticias "*news*"

En este epígrafe veremos cómo suscribirnos en Thunderbird a dos tipos de foros de noticias.

En los orígenes de Internet los **foros de noticias** o ***newsgroup*** consistían en grupos de discusión (no tenían nada que ver con la publicación de noticias) que funcionaban a través de una red de computadores conocida como *Usenet* y que utilizaba el protocolo NNTP (*Network News Transfer Protocol*) para transmitir los mensajes. Con el desarrollo de la web han perdido mucho protagonismo ya que hay otros mecanismos basados en ella como los foros, chats, listas de distribución de correo, redes sociales, etc., que pueden sustituir su funcionamiento.

Por otro lado, hoy en día el mejor mecanismo para estar al día de las últimas noticias publicadas en un blog o página web es a través de los ***feeds*** o **canales RSS**. Sin entrar a discutir cuestiones técnicas de este protocolo, la suscripción a un canal RSS hace que nos lleguen a nuestro lector las novedades de webs, blogs, etc., en cuyas publicaciones estamos interesados lo que nos evita tener que consultarlas manualmente.

Las siguientes secciones explican cómo configurar estos tipos de foros de noticias en Thunderbird.

2.11.1. Configuración, uso y sincronización de mensajes de canales RSS

Iremos al menú de Thunderbird *Nuevo – Cuenta de canales web* y le damos un nombre. Ahora será necesario suscribirnos a un *feed* o canal RSS a través de su URL. Identificaremos un canal RSS en la web con el icono .

Para suscribirse a un canal en la sección *Canales – Administrar suscripciones* o con el botón derecho del ratón sobre el nombre de la cuenta del canal y elegir la opción *Suscribirse*. Copiamos la dirección del canal en el cuadro correspondiente (véase Ilustración 27) y pulsamos el botón *Añadir*.

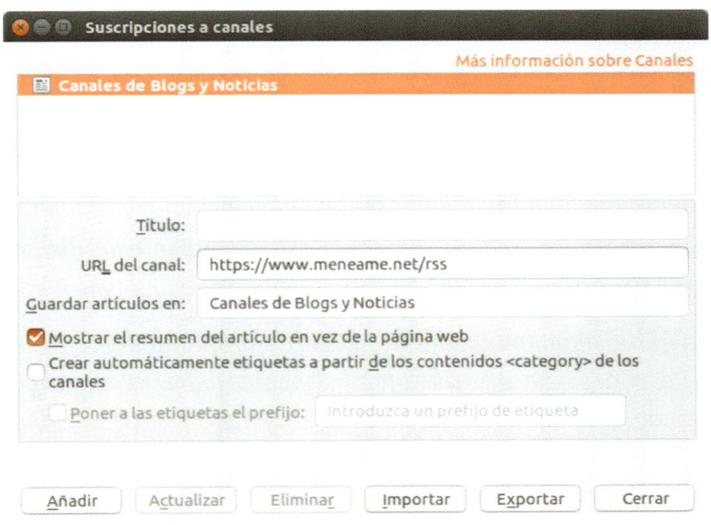

Ilustración 27. Suscripción a canales RSS.

Tras esto, se descargarán los mensajes del canal pudiendo leer la información que contengan desde la propia aplicación de Thunderbird o acceder al enlace de la noticia original. Utilizando el botón de *Recibir mensajes* sincronizaremos el contenido del canal para descargar los mensajes nuevos (no se hace automáticamente), y en la configuración del canal se puede seleccionar si queremos que se descarguen los mensajes nuevos al iniciar la aplicación.

Lectura recomendada

Cómo suscribirse en Thunderbird a servicios de noticias mediante RSS.
https://support.mozilla.org/es/kb/cmo-suscribirse-noticias-y-blogs

2.11.2. Configuración, uso y sincronización de mensajes de grupos de *Usenet*

Iremos al menú *Archivo – Nuevo – Otras cuentas – Cuenta de noticias*. Completamos la información de contacto y añadimos la URL de un servidor de noticias, por ejemplo *news.mozilla.org*. Existen multitud de servidores de noticias, además, cualquiera puede crear uno; de modo similar a como se monta un servidor web y se alojan en él diferentes páginas, en un servidor de noticias hay diferentes grupos de noticias a los que podemos suscribirnos. Por tanto, una vez agregado el servidor, agregaremos aquellos grupos en los que estemos interesados. Una vez añadido podremos enviar mensajes o contestar a los mismos de modo similar a como redactamos un correo electrónico.

Lectura recomendada

Crear cuentas de grupos de noticias de Usenet en Thunderbird.
https://support.mozilla.org/es/kb/crear-una-cuenta-de-un-grupo-de-noticias

2.12. Programas de agendas en sincronización con dispositivos portátiles tipo "*palm*"

En los años 90 del siglo XX proliferó un tipo de ordenador de bolsillo denominado PDA (*Personal Digital Assistant* o Asistente Digital Personal) con las características de agenda electrónica, lista de contactos, lector de documentos, etc. En 1995, la empresa *Palm, Inc.* desarrolló este tipo de dispositivos generalizándose el uso del nombre comercial para identificar este tipo de producto.

Con el cambio de siglo, el desarrollo de los *smartphones* con más y mejores capacidades, tanto de conectividad como de funcionalidad, hizo que las PDA desaparecieran del mercado.

La sincronización de la información en las PDA se hacía mediante cable con el ordenador, para actualizar cualquier tipo de información que se hubiera añadido o modificado, ya que no disponían de conexión a Internet. Es preciso recordar que en estos años no estaba generalizado, ni siquiera existían las tecnologías inalámbricas de Internet móvil: el 2G disponible en los años 90 solo permitía acceder a portales WAP a precios bastante caros y el 3G no llegó hasta el año 2003.

> **Lectura recomendada**
> Artículo de El País: Cuando las agendas electrónicas se llamaban Palm.
> https://elpais.com/diario/2009/10/15/ciberpais/1255573467_850215.html

2.12.1. Instalación, uso y sincronización de programas de agendas en dispositivos portátiles

Los actuales *smartphones* disponen de numerosas aplicaciones, llamadas *apps*, de todo tipo. Por supuesto, para la gestión del correo y la agenda existen numerosas opciones. Los portales web como Google, Yahoo!, etc., disponen de sus propias aplicaciones que podemos descargar e instalar en nuestros móviles y gestionar nuestro correo con ellas.

En el caso de Thunderbird, no existe una versión para sistemas operativos Android o iOS por lo que tenemos que buscar alternativas. La aplicación *BirdieSync for Thunderbird* para Android permite sincronizar los eventos y contactos almacenados en Thunderbird con el móvil. *BlueMail* y *AquaMail* son dos de las aplicaciones más descargadas y valoradas para gestionar nuestro correo en Android. Entre las aplicaciones para iOS más destacadas tenemos *Edison Mail* y *Spark*, además de la aplicación *Mail* instalada por defecto.

2.13. Ejercicios

1. Configure los siguientes filtros automáticos para los mensajes recibidos en Thunderbird:
   a) Añadir la etiqueta *trabajo* a todos los mensajes cuyo remitente provenga del dominio *empresa.com*.
   b) Mover todos los mensajes que contengan las palabras IMPORTANTE o URGENTE en el asunto a la carpeta *importante* y modifique su prioridad para que tengan la más alta.
   c) Ignorar todos los mensajes cuyos remitentes no estén en nuestra libreta de direcciones.
2. Instale la extensión *gContactSync* en Thunderbird y configúrela para sincronizar todos sus contactos de su cuenta de Gmail.

3. Cree un nuevo Grupo de Google (*Google Group*) y añada los contactos que desee. Luego pruebe a comunicarse con todos ellos redactando un mensaje y enviándolo a la dirección del mismo.

4. Haga un envío de correo electrónico con campos personalizados para cada destinatario (combinación de correspondencia o *mail marge*) desde las siguientes aplicaciones:
   a) Thunderbird con la extensión *Mail Merge*.
   b) Gmail instalando el complemento *Yet Another Mail Merge*.
   c) LibreOffice Writer.

5. Modifique las preferencias del calendario de Thunderbird para que los días de la semana comiencen en lunes y el horario de la jornada laboral sea de 10 a 19 horas.

6. Agregue a Thunderbird el calendario de su cuenta de Gmail en modo solo lectura y en modo lectura y escritura.

7. Agregue a Thunderbird los canales RSS de sus diarios electrónicos favoritos.

3. Obtención de certificados de firma electrónica

Introducción

Un certificado electrónico o certificado digital es un documento (electrónico) que permite identificar a una persona en cualquier trámite telemático. En este capítulo se describen los conceptos principales de seguridad en las comunicaciones y cómo estos son empleados por los certificados electrónicos. Además, se explican los pasos para la obtención de un certificado electrónico y cómo se utiliza en los procesos de autenticación y firma electrónica.

Contenido

3.1. Conceptos sobre seguridad en las comunicaciones

3.2. Certificados electrónicos

3.3. Firma electrónica

3.4. Prestador de servicios de certificación

3.5. Obtención de un certificado por una persona física

3.6. El certificado y el correo electrónico

3.7. Ejercicios

3.1. Conceptos sobre seguridad en las comunicaciones

Cuando se habla de seguridad en las comunicaciones nos referimos a las medidas de protección del medio o canal empleado para transmitir los mensajes entre el emisor y el receptor.

Las comunicaciones a través de Internet funcionan gracias a la utilización de una serie de protocolos estructurados en capas conocida como *pila de protocolos*. Una generalización conceptual de esta pila es el llamado modelo OSI (*Open System Interconnection*), cuya implementación real en la práctica se conoce habitualmente como TCP/IP que son los protocolos usados en las capas de transporte y red, respectivamente.

3.1.1. Protocolos de comunicación seguros

La Ilustración 28 muestra alguno de los protocolos que tienen algún tipo de mecanismo de seguridad, clasificados según las capas del modelo OSI y TCP/IP.

OSI	TCP/IP	Protocolos seguros
APLICACIÓN	APLICACIÓN	HTTPS, SFTP, SSH RADIUS, KERBEROS
PRESENTACIÓN		
SESIÓN	TRANSPORTE	SSL, TLS, IPsec (ESP)
TRANSPORTE		
RED	RED	PPTP, L2TP, IPsec
ENLACE	FÍSICA	Packet Filters, CHAP, PAP, Wireless Security (WEP, WPA, WPA2)
FÍSICA		

Ilustración 28: Protocolos seguros existentes en cada una de las capas del modelo OSI y TCP/IP.

Los más relevantes son:

- WEP (*Wired Equivalent Privacy*). Es un protocolo de seguridad utilizado en las redes inalámbricas IEEE 802.11. Utiliza una clave hexadecimal de 10 o 26 dígitos y fue el mecanismo original de seguridad para este tipo de comunicaciones. Hoy está totalmente desaconsejado por considerarse inseguro.

- **WPA** y **WPA2** (*Wi-Fi Protected Access*). Nació en 2003 para sustituir a WEP. La primera versión utiliza TKIP (*Temporal Key Integrity Protocol*) como algoritmo de cifrado. WPA2 sustituye a la primera versión y ofrece mayor seguridad. En esta segunda versión, el protocolo de cifrado se sustituye por CCMP (*CTR mode with CBC-MAC Protocol*) basado en el algoritmo de cifrado AES (*Advanced Encryption Standard*), junto a técnicas de comprobación de la autenticidad e integridad de los mensajes. Dispone de tres mecanismos distintos de autenticación: **WPA-Personal** conocida también como WPA-PSK (*Pre-Shared Key*), **WPA-Enterprise** orientada a redes empresariales y que requiere el uso de un servidor RADIUS, y **Wi-Fi Protected Setup** (WPS) un mecanismo que simplifica el proceso de autenticación pero que introduce un grave agujero de seguridad conocido como *WPS PIN recovery*.
- **L2TP** (*Layer 2 Tunneling Protocol*). Es otro protocolo empleado para crear redes privadas virtuales basado en dos protocolos anteriores, PPTP y L2F (*Layer 2 Forwarding Protocol*). Fue propuesto como estándar en el RFC 2661. Su última versión se publicó en 2005, L2TPv3 en el RFC 3931.
- **IPsec** (*Internet Protocol security*). Este protocolo se emplea para proteger los paquetes IP. Tiene dos configuraciones básicas, AH (*Authentication Header*) y ESP (*Encapsulated Secure Payload*).
- **SSL** (*Secure Sockets Layer*). Este mecanismo ofrece seguridad en cualquier transmisión sobre TCP. Es empleado por los protocolos de la capa de aplicación para ofrecer seguridad en dichas comunicaciones.
- **TLS** (*Transport Layer Security*). Está basado en SSL y sus características son similares por lo que a veces se confunden o usan indistintamente en la bibliografía. Sin embargo, su funcionamiento es diferente.
- **HTTPS** (HTTP *Secure*). Es el protocolo HTTP seguro que utiliza SSL o TLS para ofrecer seguridad en las comunicaciones. Se puede identificar fácilmente en el navegador si una conexión HTTP es segura por medio de un candado cerrado que aparecerá normalmente en la barra de direcciones.
- **SSH** (*Secure SHell*). Este protocolo de la capa de aplicación permite autenticarse en un servidor y ejecutar comandos remotos en el mismo de manera segura. SSH emplea criptografía de clave pública para la autenticación. Este protocolo sustituye a otros inseguros como *TELNET* o *rlogin* en donde la comunicación se transmite sin cifrar.

- **SFTP** (*SSH File Transfer Protocol o Secure File Transfer Protocol*). Este protocolo utiliza SSH para proveer seguridad al protocolo FTP. Se emplea para transmitir ficheros entre un cliente y un servidor FTP.
- **RADIUS** (*Remote Authentication Dial-In User Service*). Es el protocolo más empleado de autenticación y autorización en los accesos a red. Los proveedores de servicios de Internet (ISP) usan este mecanismo para identificar a sus clientes.

3.1.2. Conceptos básicos de criptografía

La **criptografía** es una rama de la **criptología** que se encarga de estudiar las técnicas para ocultar información. El motivo por el que se usa la criptografía es que tanto el **emisor** como el **receptor** desean que en sus comunicaciones, el mensaje que quieren transmitir por un determinado canal:

1. No sea leído por otros (confidencialidad).
2. No pueda ser modificado (integridad).
3. No pueda suplantarse la identidad del emisor (autenticación).

La información que se quiere ocultar se denomina **mensaje** y al proceso de ocultación del mensaje se le denomina **cifrar** o **encriptar**. Para cifrar el mensaje se emplea un algoritmo de cifrado o algoritmo criptográfico. En la *Sección 3.1.3. Tipos de algoritmos criptográficos* se explicarán diferentes tipos de algoritmos de cifrado. El proceso inverso, es decir, la obtención del mensaje original a partir del mensaje cifrado se denomina **descifrar** o **desencriptar**. Esta acción será posible solo si se posee el **secreto**, es decir, una información oculta que permite al receptor poder descifrar el mensaje. La calidad de nuestro sistema de cifrado reside en la calidad del secreto empleado, y no en que se conozca el algoritmo concreto de cifrado que se ha empleado para ocultar el mensaje.

El **criptoanálisis** es otra rama de la criptología que se encarga de estudiar las técnicas para descifrar un mensaje sin disponer del secreto, por tanto, los objetivos de la criptografía y el criptoanálisis son totalmente opuestos. La criptografía ha ido avanzando y mejorando a la vez que los algoritmos criptográficos se iban rompiendo por los criptoanalistas. El objetivo de un **atacante** o ***hacker*** será lograr descifrar el mensaje sin tener conocimiento del secreto, para ello las técnicas que puede emplear son muy diversas.

El origen de la criptografía se remonta a la antigüedad, la historia está llena de ejemplos como el método de la Escítala usado por los espartanos, o el cifrado de César empleado por Julio César:

- El **método de la Escítala** consistía en enrollar una banda de cuero o papiro alrededor de una vara (escítala en griego) y escribir sobre ella, de modo que al desenrollar el cuero o papiro el mensaje se descomponía. Para descifrar el mensaje, el receptor disponía de una vara de igual grosor que la utilizada en el cifrado, sobre la que enrollaba la tira de cuero o pergamino con el mensaje cifrado. Este es un tipo de cifrado conocido como cifrado por transposición.
- El **cifrado de César** consistía en sustituir un carácter del texto original por otro situado un número de posiciones más adelante en el alfabeto, este número de posiciones era el secreto del algoritmo. Por ejemplo, el texto XPOHPVDMHVHFUHWR se ha cifrado sustituyendo cada letra por la situada tres posiciones más adelante en el alfabeto español, por tanto, para descifrarlo habría que hacer el proceso inverso. Se deja al lector para que descifre el contenido del mensaje oculto.

Además de estos dos ejemplos, hay otros muchos que emplean técnicas similares: uso de claves variables por cada letra, utilizar más de un alfabeto, etc., que son conocidos como **cifrados polialfabéticos**. Este tipo de algoritmos de cifrado basados en la sustitución o transposición de los caracteres del texto son fáciles de romper a través del análisis de frecuencias de los caracteres del texto cifrado.

Un ejemplo mucho más contemporáneo de un cifrado polialfabético es la **máquina Enigma** (véase Ilustración 29), un dispositivo electromecánico empleado por los alemanes en la II Guerra Mundial para ocultar sus comunicaciones. La máquina Enigma empleaba unos rotores con las letras del alfabeto a su alrededor que giraban con la pulsación de cada tecla. La posición inicial de cada rotor determinaba un cifrado diferente, por tanto, existía un gran número de posibles combinaciones de cifrado. La complejidad de la máquina era aún mayor ya que disponía de otros componentes como un reflector, un panel de conexión y otros accesorios.

Se ha contado mucho sobre esta máquina en libros, películas y documentales pero sigue habiendo muchos misterios sin resolver acerca de cómo los aliados pudieron haber roto el cifrado de la máquina e interceptar todas las comunicaciones alemanas sin que estos se percataran de ello.

Ilustración 29: Máquina Enigma expuesta en el Imperial War Museum de Londres.

3.1.3. Tipos de algoritmos criptográficos

Los algoritmos criptográficos se pueden clasificar en tres grandes grupos:

- Algoritmos simétricos o de clave secreta.
- Algoritmos asimétricos o de clave pública.
- Algoritmos de resumen, funciones de dispersión o funciones *hash*.

A continuación se detallan las características de cada uno de estos grupos y se describen brevemente los algoritmos criptográficos más relevantes de cada uno de ellos.

Algoritmos simétricos o de clave secreta

En este tipo de algoritmos la clave de cifrado coincide con la clave de descifrado. El emisor y el receptor del mensaje deben haberse puesto de acuerdo en la clave a utilizar, esto implica por ejemplo que debe existir un canal seguro de comunicación para poder intercambiar la clave, y es aquí donde reside la dificultad en este tipo de cifrado.

Dentro de este tipo de algoritmos, podemos diferenciar dos subgrupos:

- **Cifradores de flujo** (***stream cipher***). La transformación de cifrado se aplica a cada símbolo del alfabeto en el que está escrito el mensaje en claro. En 2004 el proyecto eSTEAM lanzó una iniciativa para seleccionar los mejores cifradores de flujo. En la versión hardware resultaron seleccionados Grain v1, MICKEY 2.0 y Trivium, mientras que en la versión software se seleccionaron HC-128, Rabbit, Salsa20/12 y SOSEMANUK.
- **Cifradores de bloque** (***block cipher***). La transformación de cifrado se aplica sobre bloques de símbolos en los que está escrito el mensaje en claro. El tamaño más común de los bloques es de 64, 128 y 256 bits. Los ejemplos más destacados de este tipo de cifradores son:
  - **DES** (*Data Encryption Standard*). Publicado en 1977 por el *National Bureau of Standard* de Estados Unidos, utiliza una longitud de bloque de 64 bits, y una longitud de clave de 56 bits más 8 de paridad. Hoy día es totalmente inseguro pero se sigue mencionando en la bibliografía por cuestiones históricas.
  - **Triple DES** o **TDES**. Consiste en usar tres algoritmos DES encadenados, puede usarse con dos claves independientes con 80 bits de seguridad o tres claves independientes con 112 bits de seguridad. Ambas versiones se consideran inseguras hoy en día.
  - **AES** (*Advanced Encryption Standard*). También conocido como ***Rijndael*** (por sus autores Joan Daemen y Vincent Rijmen) fue adoptado como un estándar por el *National Institute of Standards and Technology* (NIST) tras un proceso público de propuesta de algoritmos que buscaban reemplazar a DES. Puede utilizar tamaños de bloque y de claves de 128, 192 y 256 bits. Además, el algoritmo se puede adaptar fácilmente a cualquier longitud de bloque o clave que sea múltiplo de 32 bits.
  - **Blowfish**. Creado por Bruce Schneider sin ningún tipo de restricción en su uso y libre de patentes. Usa un tamaño de bloque de 64 bits y claves variables entre 32 y 448 bits. Aunque se considera seguro hoy en día, se aconseja utilizar las nuevas versiones del algoritmo, **Twofish**, que fue competidor de AES, con una longitud de bloque de 128 bits y 256 bits de clave, y **Threefish** con tamaños de 256, 512 o 1024 bits para el bloque y la clave.

Algoritmos asimétricos o de clave pública

Estos algoritmos utilizan dos parejas de claves, una pública conocida por todo el mundo y otra privada que debe ser conocida únicamente por su propietario. Con este tipo de algoritmos se puede tanto cifrar información como firmarla, el proceso es el siguiente:

- **Cifrado**: Para cifrar cualquier mensaje el emisor emplea la clave pública del receptor. El proceso de descifrado solo se puede realizar conociendo la clave privada que está en poder únicamente del destinatario del mensaje.
- **Firma electrónica**: El emisor utiliza su clave privada para firmar el mensaje. El receptor utiliza la clave pública del emisor para comprobar que la firma es correcta.

Este tipo de algoritmos de cifrado resuelven el problema de cómo intercambiar la clave secreta en los algoritmos simétricos. Además, ofrecen integridad y autenticidad de los mensajes.

Este tipo de algoritmos tiene su origen en el artículo de W. Diffie y M.E. Hellman "*New directions in Cryptography*" de 1976. En él proponen un protocolo para acordar una clave secreta utilizando un canal no seguro. La generación de claves se basa en la complejidad de resolver ciertos problemas matemáticos, en el caso de Diffie-Hellman utilizaron el Problema del Logaritmo Discreto.

Los algoritmos de cifrado de clave pública más relevantes son los siguientes:

- **RSA** (*Rivest-Shamir-Adleman*). Se basa en el problema de la factorización de números enteros que consiste en determinar los factores primos de un número cualquiera. No existe ningún algoritmo que pueda resolver este problema en un tiempo polinomial, esto significa que conforme el número de cifras del número aumenta, el tiempo para factorizarlo crece de forma exponencial.
- **ElGamal**. Es el primer algoritmo que propuso el empleo de **curvas elípticas,** y al igual que la propuesta de Diffie-Hellman se basa en el problema del logaritmo discreto.

La empresa RSA Laboratories obtuvo la patente del algoritmo RSA y en 1991 comenzó a desarrollar una serie de estándares de criptografía de clave pública conocidos como PKCS (*Public-Key Cryptography Standards*).

Recurso

Página de Wikipedia con los diferentes estándares PKCS.

https://es.wikipedia.org/wiki/PKCS

Algoritmos de resumen, funciones de dispersión o funciones *hash*

Como su nombre indica, estos algoritmos calculan un **resumen de longitud fija** de un determinado mensaje que puede ser de cualquier longitud. La seguridad de estos algoritmos radica en que aun cuando el resumen del mensaje sea conocido, resulte imposible obtener el mensaje original o encontrar otro mensaje cuyo resumen sea idéntico.

Este tipo de algoritmos es muy usado para almacenar contraseñas. Por ejemplo, un usuario se registra en un sitio web y su contraseña es almacenada en la base de datos utilizando una función de resumen. Cuando el usuario trata de acceder al sitio, este debe introducir su contraseña. El proceso de autenticación consiste en volver a aplicar la función resumen al texto introducido por el usuario, si este coincide con el almacenado en la base de datos significa que el usuario ha introducido correctamente sus credenciales y puede acceder al sistema.

Las funciones resumen también se emplean en la firma electrónica, la *Sección 3.3. Firma electrónica* explica este proceso con mayor detalle.

Los algoritmos *hash* o de resumen más conocidos son:

- **MD** (*Message Diggest*). Creado por Ronald Rivest, la R de RSA. Existen diversas versiones, MD2, MD4, MD5 y MD6. La seguridad de MD5 está comprometida actualmente y su uso está desaconsejado, su longitud de resumen es de 128 bits. MD6 puede tener una longitud variable de resumen hasta 512 bits.
- **SHA** (*Secure Hash Algorithm*). Es un conjunto de funciones criptográficas de resumen publicadas por el NIST estadounidense. Están disponibles las series SHA-0, SHA-1, SHA-2 y SHA-3. La seguridad de SHA-2 está empezando a ser comprometida y muchas de sus versiones (según la longitud de resumen que emplean) son inseguras por lo que se recomienda usar SHA-3.

> **Lectura recomendada [ENG]**
> Artículo en Wikipedia que compara la seguridad de distintas funciones *hash*.
> https://en.wikipedia.org/wiki/Hash_function_security_summary

3.2. Certificados electrónicos

Un certificado electrónico o certificado digital es un fichero electrónico emitido por una **autoridad de certificación** (CA) a una persona física o jurídica o un componente software (por ejemplo, un servidor de Internet), que permite al poseedor del certificado identificarse de forma telemática, así como firmar y cifrar documentos electrónicos.

La forma en la que se organiza un certificado digital viene descrita por el protocolo X.509, en el RFC 5280 se detalla la última versión, la v3.

Los campos que contiene un certificado digital X.509 v3 son:

- **Número de versión**. Versión del certificado X.509 (v1, v2 o v3).
- **Número de serie**. Identifica de manera única un certificado digital emitido por una CA.
- **Algoritmo de firma del certificado**. El algoritmo utilizado por la CA para firmar el certificado digital.
- **Emisor**. Entidad que ha emitido el certificado digital.
- **Validez**. Periodo durante el cual el certificado es válido. Contiene una fecha de inicio y caducidad.
- **Asunto**. Datos del propietario del certificado digital.
- **Información de la clave pública del sujeto**. Clave pública y algoritmos de clave pública asociados a la misma.
- **Extensiones**. Esta sección contiene información adicional del certificado.
- **Firma digital de la autoridad de certificación**. Firma digital real del certificado, realizada por la entidad emisora del mismo utilizando el algoritmo de firma indicado en el campo *algoritmo de firma del certificado*.

Una **entidad certificadora** o **autoridad certificadora** (CA, ***Certification Authority***) es un organismo, público o privado, que se encarga de emitir certificados digitales. La CA es una entidad de confianza, esto quiere decir que un prestador de servicios de Internet que utilice la firma electrónica para sus trámites, aceptará un certificado digital emitido por una CA si este confía en ella.

En el proceso de solicitud de un certificado digital, se debe comprobar la autenticidad y veracidad de los datos del certificado, además de identificarlos de manera unívoca a su usuario, de modo que no se pueda suplantar una identidad. Esta labor la puede realizar la propia CA o una **autoridad de registro** (RA, ***Registration Authority***).

La CA emite el certificado digital firmado con su clave privada lo que le otorga su autenticidad. Para ello, es necesario que una CA disponga de un certificado digital emitido por otra autoridad de certificación de rango superior, es decir, el certificado de una CA estará firmado por una CA de rango superior. Una CA raíz es una autoridad de certificación que no está subordinada a ninguna otra y que puede firmar su propio certificado digital.

La cuestión principal en este proceso es cómo se establece la confianza de una CA, es decir, qué hace que se pueda confiar en los certificados emitidos por una CA. ***Webtrust*** es un sello de confianza creado por la *American Institute of Certified Public Accountants* (AICPA) y el *Canadian Institute of Chartered Accountants* (CICA) que se otorga a las entidades certificadoras tras superar un proceso de auditoría en base a una serie de principios y criterios.

> **Recurso [ENG]**
> Web oficial del sello Webtrust.
> http://www.webtrust.org

El software de Microsoft así como los navegadores Google Chrome y Mozilla Firefox traen preinstalados certificados de confianza de autoridades de certificación que disponen del sello Webtrust, de modo que cuando navegamos por Internet y accedemos a una página que utiliza un protocolo seguro (HTTPS), no se muestre una advertencia de seguridad. En caso de que se acceda a un sitio seguro cuyo certificado no está en la lista de certificados de confianza del navegador, este mostrará una advertencia al usuario (véase la Ilustración 30).

Ilustración 30. Información de no confianza en el certificado digital del sitio www.juntadeandalucia.es mostrada en el navegador Chrome.

En España, la Fábrica Nacional de Moneda y Timbre (FNMT), a través de su departamento CERES (CERtificación ESpañola), es una CA de confianza que dispone del sello *Webtrust* y que se encarga de emitir certificados digitales tanto para personas físicas como para otro tipo de figuras jurídicas. También se dispone del DNI electrónico o DNIe, cuyo chip lleva almacenado un certificado digital emitido por la Dirección General de la Policía que es la que actúa como CA en este caso.

> **Recursos**
>
> Entidades o autoridades de certificación (CA) en España.
> Fábrica Nacional de Moneda y Timbre: http://www.cert.fnmt.es/
> DNI electrónico: http://www.dnielectronico.es

Una **autoridad de validación** (VA, ***Validation Authority***) es una entidad encargada de ofrecer servicios que permiten comprobar la validez de un certificado digital. Un certificado digital puede dejar de ser válido por diversos motivos, por ejemplo, porque haya expirado su periodo de validez o porque su clave privada esté comprometida (por ejemplo si el usuario notifica que ha perdido el certificado). En ese caso el certificado digital es revocado de modo que deja de ser un certificado válido almacenándose en una **lista de revocación de certificados** (CRL, ***Certification Revocation List***).

Una alternativa a las CRL es el protocolo OCSP (*Online Certificate Status Protocol*) que permite a un cliente hacer una consulta sobre el estado de un certificado a través de HTTP. Este protocolo es un estándar de Internet definido en el RFC 6960.

3.3. Firma electrónica

La Ley 59/2003 de 19 de diciembre, de firma electrónica, regula el uso del certificado electrónico para la firma electrónica de documentos, los conceptos relacionados con los certificados electrónicos así como las obligaciones de los prestadores de servicios que expiden certificados electrónicos, entre otros aspectos relevantes.

> **Lectura recomendada**
>
> Ley 59/2003 de firma electrónica, texto consolidado.
> https://www.boe.es/buscar/act.php?id=BOE-A-2003-23399

Un certificado electrónico puede ser usado para identificarse ante cualquier entidad de manera telemática. De este modo, las administraciones públicas solicitan la presentación de un certificado electrónico válido para realizar trámites telemáticos a través de sus portales como pueden ser modificar o presentar la declaración de la renta, solicitar un informe de vida laboral o pedir una cita médica.

Al acceder al trámite a través del navegador, la página solicitará el certificado electrónico emitido por una autoridad de certificación de confianza, la FNMT o el DNI electrónico. El prestador del servicio comprobará que el certificado ha sido emitido por una CA de confianza y permitirá al usuario realizar el trámite correspondiente.

La firma electrónica permite firmar documentos de manera telemática, sin que tengamos que estampar nuestra firma manuscrita sobre un papel. Una firma electrónica consiste en calcular un resumen del documento mediante un algoritmo de resumen (*hash*) y cifrarlo con la clave privada del certificado digital. El resumen firmado se añade al documento electrónico y se envía al receptor.

La validez de la firma puede comprobarse calculando nuevamente el resumen del documento y comprobando que esta coincide con la firma descifrando el resumen firmado con la clave pública del certificado digital de la persona firmante.

Lectura recomendada

Portal de firma electrónica del Gobierno de España que contiene información sobre el proceso de firma de un documento y la validación de un documento firmado electrónicamente.
http://firmaelectronica.gob.es/

Existen multitud de herramientas y software para firmar documentos electrónicamente y validar la firma de un documento firmado electrónicamente. Una de estas herramientas es **VALIDe**, que está disponible de manera online y funciona a través de un navegador web. Otra herramienta muy potente es **Sinadura Desktop**, una aplicación de escritorio *open source* y multiplataforma para la firma digital de cualquier tipo de documento, la última versión disponible al tiempo de escribir estas líneas es la 5.0.2. Por último, también disponemos de **Autofirma**, desarrollada por el Ministerio de Hacienda y Administración Pública.

Recursos

Herramientas de firma y validación de firmas y certificados digitales.

VALIDe: https://valide.redsara.es

Sinadura Desktop: http://www.sinadura.net/es/

Autofirma: http://firmaelectronica.gob.es/Home/Descargas.html

3.4. Obtención de un certificado por una persona física

Un prestador de servicios de certificación es una entidad, pública o privada, que puede ofrecer servicios relacionados con la firma electrónica y/o que expide certificados electrónicos.

Los prestadores de servicios de certificación están regulados por la Ley 59/2003 de firma electrónica. Para iniciar sus actividades deben informar al Ministerio competente (actualmente el Ministerio de Energía, Turismo y Agenda Digital) que dispondrá de un registro de los prestadores de servicios de certificación que cumplen con todos los requisitos.

Recurso

Consulta de los prestadores de servicios de certificación cualificados.
https://sedeaplicaciones2.minetur.gob.es/prestadores/

Posteriormente el Reglamento (UE) 910/2014 del Parlamento Europeo y del Consejo de 23 de julio de 2014, relativo a la identificación electrónica y los servicios de confianza para las transacciones electrónicas en el mercado interior y por el que se deroga la Directiva 1999/93/CE, establece una distinción entre los prestadores de servicios de certificación entre prestadores cualificados y no cualificados. La única diferencia es que los prestadores cualificados son aquellos que cumplen con los requisitos establecidos en el mencionado Reglamento (UE) 910/2014.

Lectura recomendada

Entrada sobre prestadores de servicios de certificación en el blog del Máster de Informática de la Universidad de Deusto.
https://blogs.deusto.es/master-informatica/prestadores-de-servicios-de-certificacion/

3.5. Obtención de un certificado por una persona física

Los pasos a seguir para obtener un certificado digital son:

1) **Solicitud del certificado**. Realizar la solicitud del certificado a través de un formulario online en el que introduciremos nuestro NIF o NIE, el primer apellido y una dirección de correo electrónico. Al darle a enviar se enviará un código de solicitud al correo electrónico. Este código es necesario para el siguiente paso.

2) **Acreditación de la identidad**. El solicitante debe personarse (o un tercero mediante una legitimación ante notario) en una oficina de registro habilitada para ello presentando el documento de identificación.

3) **Descarga del certificado**. Tras el paso anterior se recibirá un email para proceder a la descarga del certificado. En este paso se le solicitará el código de solicitud obtenido en el paso 1, además del NIF o NIE y primer apellido.

4) **Instalación del certificado**. Una vez descargado, es necesario instalar el certificado en los navegadores web para poder hacer uso del mismo.

Lectura recomendada

Pasos a seguir para obtener un certificado digital de la FNMT.
https://www.sede.fnmt.gob.es/certificados/persona-fisica/obtener-certificado-software

3.6. El certificado y el correo electrónico

Podemos emplear nuestro certificado electrónico para enviar información auténtica y cifrada a través de nuestra cuenta de correo electrónico. El *Capítulo 4. Instalación de programas de cifrado de correos* explica qué herramientas se necesitan descargar e instalar y cómo se configuran para poder realizar estas acciones.

Además, existen otros servicios externos para garantizar el no repudio del mensaje, esto es, que existe la garantía legal y jurídica de que el receptor ha recibido el correo electrónico, similar a los burofax. Una de las empresas que ofrece este tipo de servicio es Lleida.net, aunque es un servicio de pago puede ser muy útil en determinadas circunstancias en donde el emisor necesita las garantías legales y jurídicas de haber entregado el mensaje al destinatario.

> **Recurso**
> Web de Lleida.net.
> http://www.lleida.net/es

El funcionamiento de este servicio es realmente simple. En primer lugar es necesario darse de alta en la web con la cuenta de correo desde la que se desea enviar el correo certificado. Para certificar un determinado email solo hay que añadir al campo CC la dirección *correo@certificado.lleida.net*. El destinatario recibirá dos mensajes, el que ha enviado el remitente y el que envía Lleida.net, en cuanto se entrega este, se genera el certificado con validez legal. El certificado que sirve como prueba fehaciente incluye un sello de tiempo y la dirección IP de entrega, las direcciones electrónicas de emisor y remitente y el contenido del correo electrónico y sus adjuntos hasta un máximo de 5 MB.

> **Lectura recomendada**
> Noticia de 2013 publicada en el diario digital Expansión sobre la jurisprudencia generada por el Tribunal Supremo sobre los email certificados como prueba irrefutable en una causa judicial.
> http://www.expansion.com/2013/07/17/juridico/1374076670.html

3.7. Ejercicios

1. El siguiente texto está cifrado utilizando el algoritmo de César, sabiendo que las letras más frecuentes en castellano son la E y la A, trate de averiguar la clave de cifrado mediante el análisis de frecuencias de las letras.

XGÑGEÑZTLWXETFTGVATWXVÑRIGIFULXGIKÑBXLITVILWTLFXGIAT
FÑVAINBXFJIKÑXOBOBTÑGABWTEZIWXEIMWXETGSTXGTMNBEEXLITWTLZTT
GNBZÑTLIVBGYETVIRZTEZIVILLXWILÑGTIEETWXTEZIFTMOTVTKÑXVTLGXLI
MTEJBVIGETMFTMGIVAXMWÑXEIMRKÑXULTGNIMEIMMTUTWIMEXGNXCTME
IMOBXLGXMTEZÑGJTEIFBGIWXTHTWBWÑLTEIMWIFBGZIMVIGMÑFBTGETMN
LXMJTLNXMWXMÑATVBXGWTXELXMNIWXEETVIGVEÑBTGMTRIWXOXETLNX
VTESTMWXOXEEÑWIJTLTETMYBXMNTMVIGMÑMJTGNÑYEIMWXEIFBMFIEI
MWBTMWXXGNLXMXFTGTMXAIGLTUTVIGMÑOXEEILBWXEIFTMYBGINXGBTXG
MÑVTMTÑGTTFTKÑXJTMTUTWXEIMVÑTLXGNTRÑGTMIULBGTKÑXGIEEXZTUT
TEIMOXBGNXRÑGFISIWXVTFJIRJETSTKÑXTMBXGMBEETUTXELIVBGVIFINIFTU
TETJIWTWXLTYLBMTUTETXWTWWXGÑXMNLIABWTEZIVIGEIMVBGVÑXGNTTHI
MXLTWXVIFJEXQBIGLXVBTMXVIWXVTLGXMXGCÑNIWXLIMNLIZLTGFTWLÑZT
WILRTFBZIWXETVTSTKÑBXLXGWXVBLKÑXNXGBTXEMIULXGIFULXWXKÑBCT

WTIKÑXMTWTKÑXXGXMNIATRTEZÑGTWBYXLXGVBTXGEIMTÑNILXMKÑXWXM NXVTMIXMVLBUXGTÑGKÑXJILVIGCXNÑLTMOXLIMBFBEXMMXWXCTXG NXGWXLKÑXMXEETFTKÑBCTGTJXLIXMNIBFJILNTJIVITGÑXMNLIVÑXGNIUTMN TKÑXXGETGTLLTVBIGWXEGIMXMTEZTÑGJÑGNIWXETOXLWTW

2. Investigue acerca de la Máquina Enigma. Mencione al menos dos películas que traten sobre ella y haga un pequeño resumen de los aspectos que considere más importantes (funcionamiento, evolución, historia, etc.).

3. Explique cuál es el proceso que se ha de seguir para obtener un certificado digital emitido por la Fábrica Nacional de Moneda y Timbre. Si no dispone de ninguno, solicítelo.

4. Descargue e instale el software de Sinadura Desktop en su equipo. Utilice su certificado digital para firmar un documento PDF cualquiera. Verifique el documento firmado a través de la página web de VALIDe.

4. Instalación de programas de cifrado de correos

Introducción

Este capítulo explica cómo enviar correos electrónicos firmados y cifrados utilizando Mozilla Thunderbird. Para poder hacer esto, es necesario instalar dos herramientas, GnuPG, una aplicación de software libre que implementa el estándar OpenPGP; y Enigmail, una extensión para Thunderbird que permite usar las características criptográficas de GnuPG al enviar y recibir correo electrónico.

Contenido

4.1. Descarga e instalación

En la *Sección 2.5. Gestores de correo electrónico* se explicó cómo instalar y configurar Thunderbird para gestionar nuestras cuentas de correo electrónico. Esta sección describe la instalación y la configuración del software necesario para poder enviar correos electrónicos firmados y/o cifrados. Para ello, necesitaremos dos herramientas, ambas de software libre: *GnuPG* y *Enigmail*. A continuación se explica el proceso de descarga e instalación de cada una de ellas.

> **Lectura recomendada**
> Artículo en la web de soporte de Mozilla Thunderbird que explica el proceso de configuración de estas herramientas.
> https://support.mozilla.org/es/kb/firma-digital-y-cifrado-de-mensajes

Otra opción para comunicarnos de manera segura es confiar en los servicios de terceros en lugar de gestionar nuestras propias claves. Por ejemplo, el proveedor suizo ProtonMail ofrece un servicio de correo electrónico cifrado y anónimo. Dispone de cuentas gratuitas que tienen limitada la capacidad y el número de mensajes diarios que se pueden enviar y cuentas de pago con mayores capacidades para personas y empresas.

> **Recurso**
> Página web de ProtonMail.
> https://protonmail.com/es/

4.1.1. Descarga e instalación de GnuPG

GnuPG es una implementación libre del estándar OpenPGP definido en el RFC 4880. Esta herramienta funciona en línea de comandos (aunque dispone de algunos entornos gráficos) y está disponible para entornos Windows, Linux, Mac y otros.

> **Recurso [ENG]**
> Web del software GnuPG.
> https://www.gnupg.org/

Entre las tareas que podemos realizar con el programa están: cifrar y descifrar documentos empleando tanto criptografía simétrica como asimétrica, generar claves pública-privada para criptografía asimétrica, y firmar documentos. Los algoritmos disponibles en GnuPG 2.X son:

- Clave pública: RSA, ELG, DSA.
- Cifrado simétrico: IDEA, 3DES, CAST5, BLOWFISH, AES, AES192, AES256, TWOFISH, CAMELLIA128, CAMELLIA192, CAMELLIA256.
- Resumen: MD5, SHA1, RIPEMD160, SHA256, SHA384, SHA512, SHA224.

La Tabla 1 muestra las opciones más relevantes del programa GnuPG utilizadas en la línea de comandos.

Tabla 1. Opciones más destacadas de GnuPG.

Opción	Significado
-s, --sign	Firma digitalmente un documento. Se puede combinar con *--encrypt* (para cifrar y encriptar un mensaje) y *--symmetric* (para firmarlo y cifrarlo simétricamente).
--clearsign	Firma un documento sin cifrarlo.
-e, --encrypt	Cifra con criptografía asimétrica.
-c, --symetric	Cifra con criptografía simétrica usando una contraseña. El algoritmo por defecto es CAST5 pero puede escogerse otro con la opción *--cipher-algo*.
-d, --decrypt	Descifra el fichero proporcionado como parámetro o si no se indica, el texto introducido en la entrada estándar. El resultado es guardado en el fichero indicado con la opción --output. Si el fichero está firmado, también se verifica su firma.
--verify	Verifica un fichero firmado.
--gen-key	Genera un par de claves pública/privada.
--export	Exporta una o más claves públicas de nuestro almacén de claves (*keyring*).
--import	Importa claves públicas a nuestro almacén de claves (*keyring*).

4.1.2. Descarga e instalación de Enigmail

Enigmail es un complemento de Thunderbird con más de 130.000 usuarios. La descarga e instalación es muy sencilla, desde el menú *Herramientas – Complementos* buscaremos la extensión. Una vez descargada es necesario reiniciar la aplicación para que Enigmail esté disponible en la interfaz.

4.2. Generación de claves pública y privada

La primera vez que iniciamos Thunderbird tras instalar Enigmail se muestra la ventana del asistente de configuración (también es posible acceder a este asistente desde el menú *Enigmail*). Iniciamos los pasos del asistente y el primer paso será generar nuestro par de claves pública-privada.

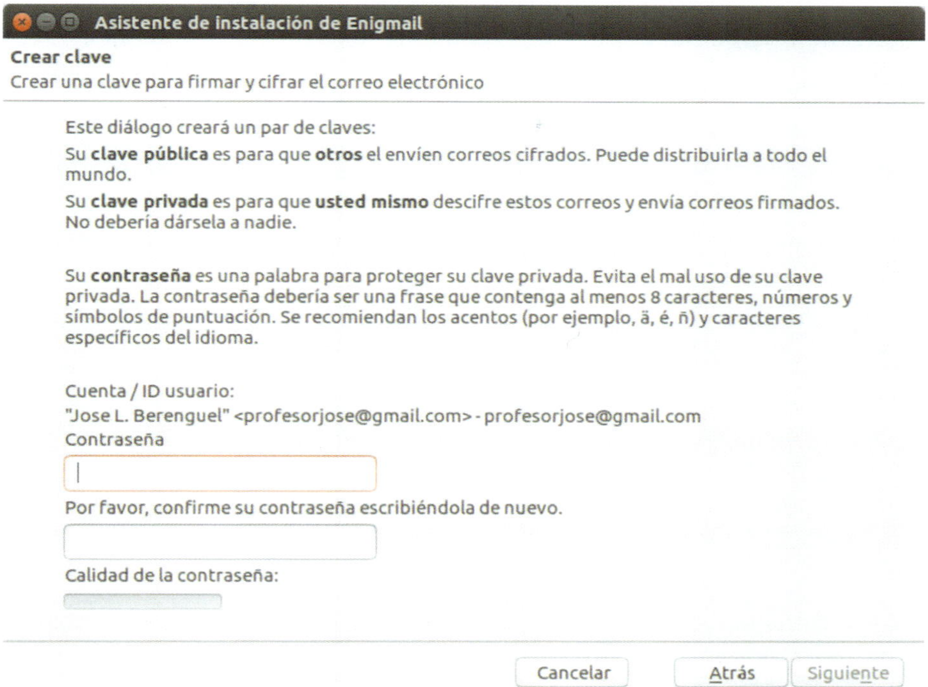

Ilustración 31. Ventana para la creación de claves en Enigmail.

Como muestra la Ilustración 31, debemos introducir una contraseña para nuestra clave de modo que el uso de la misma esté protegido. A la hora de crear la contraseña, tendremos en cuenta la calidad, evitando usar palabras sencillas, combinando caracteres alfanuméricos y otros signos. Pulsamos *Siguiente* para que comience la generación de claves, este proceso puede durar varios minutos.

Una vez haya concluido el proceso anterior el asistente preguntará si deseamos crear un certificado de revocación que se usaría en caso de que la clave se vea comprometida (véase *Sección 4.7. Revocar nuestra clave*). Pulsamos el botón *Crear certificado de revocación* y concluimos el proceso.

Es recomendable almacenar el certificado de revocación en un lugar distinto al del equipo (un CD, memoria externa, etc.) para evitar que alguien pueda robarlo o podamos perderlo si el disco se estropea. Lo mismo es recomendable hacer con nuestras claves pública-privada para disponer de una copia de seguridad.

4.3. Configuración

El proceso de configuración estándar que realiza el asistente establece los valores más comunes para un uso habitual de Enigmail. Podemos modificar este comportamiento en cualquier momento desde el menú *Enigmail – Preferencias*.

La ventana muestra tres pestañas (*Básica*, *Enviando*, *Backup/Restore*) y si se pulsa sobre el botón *Mostrar configuraciones y menú* en la pestaña *Básica* se mostrarán tres más (*Selección de clave*, *Avanzadas* y *Servidor de claves*). Salvo circunstancias especiales, no será necesario modificar los valores por defecto.

Además, también encontraremos otros elementos de configuración en *Editar – Configuración de cuenta – Seguridad OpenPGP* como muestra la Ilustración 32.

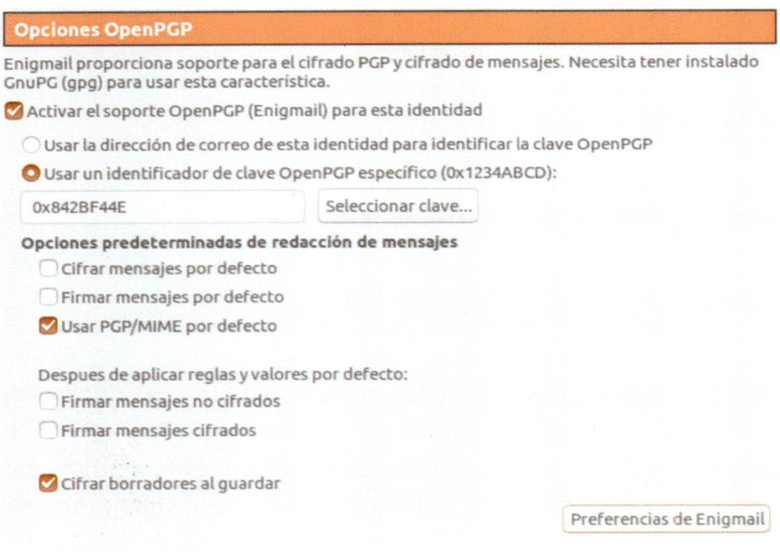

Ilustración 32. Opciones de configuración de OpenPGP para Enigmail.

En las versiones recientes de Thunderbird también es posible cifrar y firmar correo electrónico sin necesidad de instalar ninguna extensión. En el apartado *Seguridad* de *Configuración de cuenta* tenemos la posibilidad de añadir un certificado electrónico para estas acciones. Si no tenemos ningún certificado añadido, deberemos importarlo primero desde *Administrar certificados* (véase Ilustración 33).

Ilustración 33. Opciones de seguridad de Thunderbird.

Se propone como ejercicio para el lector que añada a Thunderbird el certificado digital obtenido en el Capítulo 3 y cifre y firme correos electrónicos con él. En la barra de herramientas de la ventana de redacción de mensajes se distingue el botón *Seguridad* para las acciones de cifrar/firmar con el certificado digital, y los botones de Enigmail que se explicarán en la *Sección 4.6. Envío de correos cifrados/firmados*.

4.4. Distribución y obtención de claves

Para que sea posible la comunicación entre dos personas usando cifrado de clave pública es necesario que cada una de ellas conozca la clave pública del otro. Así, al redactar un mensaje deberá cifrarse con la clave pública del destinatario de modo que solo este pueda descifrarlo con su clave privada (véanse los algoritmos asimétricos en la *Sección 3.1.3. Tipos de algoritmos criptográficos*). A continuación se explica cómo distribuir nuestra clave pública y cómo obtener las claves públicas de terceros.

4.4.1. Distribución de nuestra clave pública

Abrimos un mensaje pulsando sobre el botón *Redactar* de la barra de herramientas de Thunderbird. Para añadir nuestra clave pública pulsaremos en

Adjuntar mi clave pública. También se puede hacer desde el menú *Enigmail – Adjuntar mi clave pública*.

Si lo que queremos es distribuir otras claves públicas que tenemos almacenadas (la nuestra o la de otra persona) podemos hacerlo en la ventana de redacción, accediendo al menú *Enigmail – Adjuntar la clave pública*, seleccionando aquellas claves públicas que queremos enviar. Antes de enviar el correo nos aseguraremos de que este no se envíe cifrado.

4.4.2. Obtención de claves públicas de terceros

Las claves se distribuyen con la extensión *.asc*. Cuando recibimos un correo que lleva un archivo adjunto con esta extensión podemos importarlo a nuestro almacén de claves haciendo doble clic sobre el mismo como se puede ver en la Ilustración 34.

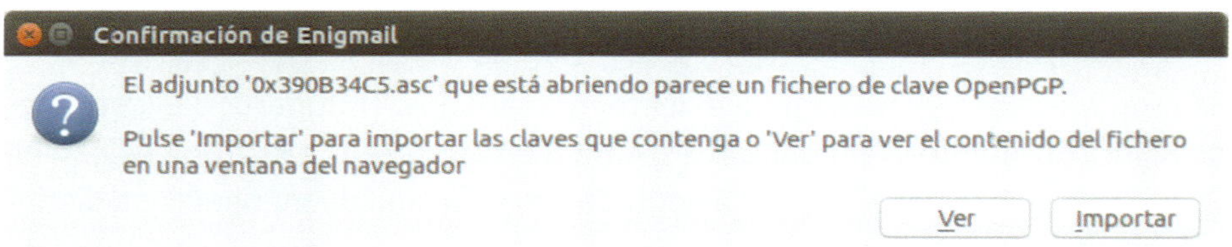

Ilustración 34. Importar una clave pública recibida en un archivo adjunto.

4.5. La gestión de claves

Las claves importadas y que hayamos creado se gestionan a través del menú *Enigmail – Administración de claves*. La Ilustración 35 muestra cuatro claves disponibles en el almacén.

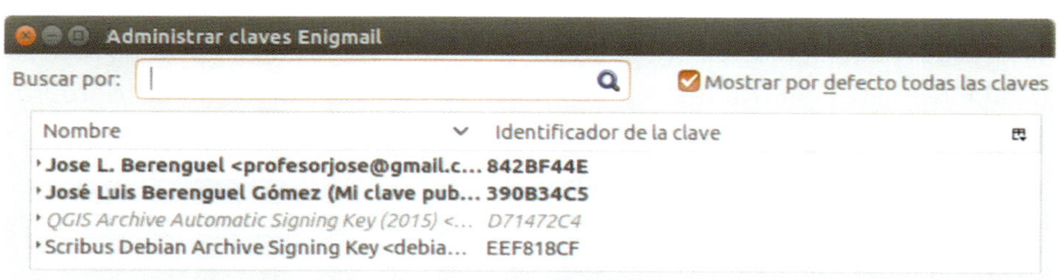

Ilustración 35. Administración de claves de Enigmail.

Haciendo clic con el botón derecho sobre ellas abriremos un menú contextual que permite hacer multitud de acciones como exportar la clave a un fichero, copiarla al portapapeles, crear un certificado de revocación de la clave, borrarla, etc.

El almacén de claves también se puede gestionar directamente desde GnuPG, por ejemplo, para crear un nuevo par de claves pública-privada. Se propone al lector que realice algunas acciones en la línea de comandos usando GnuPG para que se familiarice y conozca las más importantes.

4.6. Envío de correos cifrados/firmados

En esta sección se explica, tanto el proceso de cifrar y firmar mensajes de correo electrónico, como el proceso inverso de descifrar y comprobar la firma de los mensajes recibidos.

4.6.1. Envío y comprobación de correos firmados

En la ventana de redacción de un mensaje pulsaremos sobre el botón de firma de la barra de herramientas o desde el menú *Enigmail – Sign message*. Cuando enviemos el mensaje Thunderbird nos solicitará que introduzcamos la contraseña de nuestra clave.

Al recibir un correo firmado, Thunderbird mostrará un mensaje informando si la firma es correcta o no de manera automática como se muestra en la Ilustración 36.

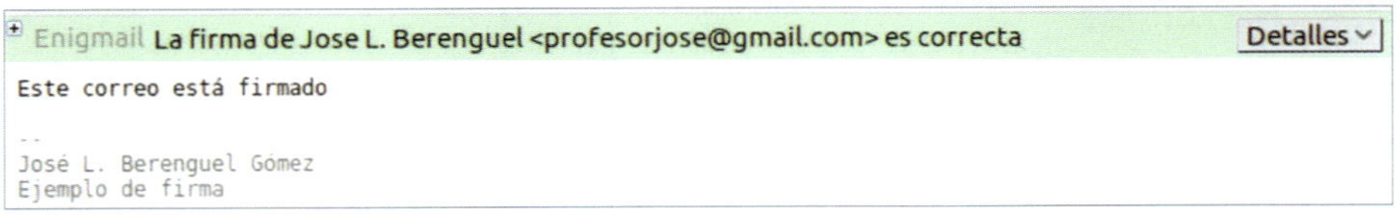

Ilustración 36. Comprobación de un correo electrónico firmado.

4.6.2. Cifrado y descifrado de correos

En la misma ventana de envío de mensajes tenemos el botón para cifrarlo, accesible también en el menú *Enigmail – Encrypt Message*. Recordemos que para cifrar se debe emplear la clave pública del remitente. Enigmail permite establecer reglas de cifrado según el destinatario del correo en el menú *Enigmail – Editar reglas por destinatario*.

Al recibir un mensaje cifrado, Enigmail nos solicitará la contraseña de nuestra clave y descifrará el mensaje automáticamente como muestra la Ilustración 37.

Ilustración 37. Mensaje descifrado correctamente por Enigmail.

Por último, destacar que es posible enviar mensajes que estén cifrados y firmados, de este modo se garantiza la confidencialidad, la autenticidad y la integridad del mensaje.

4.7. Revocar nuestra clave

En el caso hipotético de que perdamos nuestra clave, nos la roben o creamos que su seguridad se haya comprometido, será necesario que la revoquemos. Para ello, es necesario que dispongamos del certificado de revocación que habremos creado, bien durante el proceso de creación de claves (véase *Sección 4.2. Generación de claves pública y privada*), bien desde las opciones de administración de estas (véase *Sección 4.5. La gestión de claves*).

Desde la ventana de administración de claves haremos clic derecho y seleccionamos *Revocar clave*. Por último, será necesario enviar por correo electrónico el certificado de revocación a todas las personas con las que nos comuniquemos para que anulen nuestra clave pública.

4.8. Ejercicios

1. Añada su certificado digital a Thunderbird para enviar correos cifrados y firmados con este usando la funcionalidad por defecto en lugar de utilizar Enigmail. ¿Qué ventajas e inconvenientes tienen uno y otro? ¿Cuál prefiere?

2. Realice las siguientes acciones con la herramienta GnuPG desde línea de comandos:

   1. Cifre simétricamente un documento.
   2. Genere una pareja de claves pública/privada.
   3. Exporte su clave pública e importe a su almacén claves públicas de otros.
   4. Realice el cifrado/descifrado de documentos mediante clave pública.
   5. Firme digitalmente un documento.

3. Haga el proceso de revocación de una de sus claves.

Bibliografía

A lo largo de todo el texto se han mencionado numerosos enlaces a recursos y documentos para completar y/o complementar la información aquí explicada. Además de a todos ellos, también puede acceder a los siguientes textos:

— *Comunicación y atención al cliente* 2.ª Edición. M.ª José Escudero Serrano. Paraninfo.

— *Comunicación empresarial y atención al cliente.* 2.ª Edición. Dolores Fernández Verde y Elena Fernández Rico. Paraninfo.